高职高专新能源汽车专业"1+X"课证融通新形态教材

# 新能源汽车整车控制系统检修

## （彩色版配实训工单）

主　编　吴东盛　杨正荣　沐俊杰
副主编　向志伟　邓　森　单玉龙
参　编　张　超　朱　岸　侯书鸿
　　　　杨　帆　代莹超　李世伟

配套资源目录

机械工业出版社
CHINA MACHINE PRESS

本书是"岗课证赛"模式下的典型工作任务式教材，分6个项目、16个学习任务，系统介绍新能源汽车的整车控制器检修、整车控制系统传感器检修、整车控制系统执行器检修、中央集控器通信故障检修、车辆灯光系统故障检修、车辆舒适系统故障检修等内容。随书配送"实训工单"分册。

本教材配套课程资源包括课程标准、教案、PPT课件、实训工单、微课及视频资源；由于篇幅有限，书中提供6份实训工单，同时提供对应的微课二维码供参考。其余资源详见网址：http://jxxt.qcgjgz.com。

本书可作为高职院校汽车相关专业及汽车"1+X"证书培训教材，也可供学习新能源汽车保养、维修及诊断等知识和技能的汽车从业人员参考。

## 图书在版编目（CIP）数据

新能源汽车整车控制系统检修：彩色版配实训工单 / 吴东盛，杨正荣，沐俊杰主编．— 北京：机械工业出版社，2022.3（2025.1重印）
高职高专新能源汽车专业"1+X"课证融通新形态教材
ISBN 978-7-111-70293-1

Ⅰ.①新… Ⅱ.①吴… ②杨… ③沐… Ⅲ.①新能源 – 汽车 – 控制系统 – 车辆检修 – 高等职业教育 – 教材 Ⅳ.① U469.7

中国版本图书馆CIP数据核字（2022）第037408号

机械工业出版社（北京市百万庄大街22号　邮政编码100037）
策划编辑：齐福江　　　　　　责任编辑：齐福江
责任校对：梁　静　王　延　　封面设计：张　静
责任印制：单爱军
北京虎彩文化传播有限公司印刷
2025年1月第1版第8次印刷
184mm×260mm・15.25印张・345千字
标准书号：ISBN 978-7-111-70293-1
定价：69.00元

电话服务　　　　　　　　　网络服务
客服电话：010-88361066　　机 工 官 网：www.cmpbook.com
　　　　　010-88379833　　机 工 官 博：weibo.com/cmp1952
　　　　　010-68326294　　金 书 网：www.golden-book.com
封底无防伪标均为盗版　　　机工教育服务网：www.cmpedu.com

# 丛书编委会

**主 任 委 员：** 康文浩　艾伦科技（广州）有限公司

**副主任委员：** 刘瑞昕　中国汽车维修行业协会技术及标准化委员会
　　　　　　　王晓丹　广州市汽车服务业协会
　　　　　　　齐福江　机械工业出版社
　　　　　　　吴海东　广东轻工职业技术学院

**委　　　员：** 杨加彪　京桔新能源汽车有限公司
　　　　　　　郭　勇　广东有道汽车集团股份有限公司
　　　　　　　金　鹏　比亚迪汽车工业有限公司
　　　　　　　王春雷　北京汽车蓝谷营销服务有限公司
　　　　　　　夏　林　万高（上海）汽车科技有限公司
　　　　　　　姜春霞　北京北铃专用汽车有限公司
　　　　　　　林晓东　广州亿电邦科智能网络科技有限公司
　　　　　　　谢利宾　广州广汽长蔚新能源汽车销售有限公司
　　　　　　　何惠娟　浙江合众新能源汽车有限公司
　　　　　　　王光宏　广州华胜企业管理服务有限公司
　　　　　　　茹奕洪　广西一驰教育科技有限公司
　　　　　　　王景智　广东轻工职业技术学院
　　　　　　　袁　牧　广东轻工职业技术学院
　　　　　　　苏庆列　福建船政交通职业学院
　　　　　　　梁东确　百色职业学院
　　　　　　　程　章　安徽交通职业技术学院
　　　　　　　徐　涛　武汉交通职业学院
　　　　　　　沈先飞　襄阳职业技术学院
　　　　　　　吴　林　六安职业技术学院

# 前言

党的二十大报告提出绿色发展理念，要求积极稳妥推进碳达峰碳中和。新能源汽车是我国实现绿色发展，达成双碳目标的战略性新兴产业。在党的二十大精神指引下，国家相关部门陆续出台新能源汽车及其上下游产业链的扶持政策。工业和信息化部、国家发展改革委、生态环境部印发《工业领域碳达峰实施方案》提出，大力推广节能与新能源汽车，强化整车集成技术创新，提高新能源汽车产业集中度。国务院办公厅印发的《新能源汽车产业发展规划（2021—2035年）》指出，发展新能源汽车是我国从汽车大国迈向汽车强国的必由之路，是应对气候变化、推动绿色发展的战略举措。

在相关产业政策的推动下，我国新能源汽车产业快速发展，新能源汽车市场占有率屡创新高。为满足职业院校新能源汽车专业课程建设及教学实际需要，艾伦科技（广州）有限公司、广州市汽车服务业协会等组织编写了本系列教材及对应课程资源。本书以工作任务为引领，对接岗位能力的需求，形成可测可评的教学内容以便实施一体化教学；实训工单配套对应每个工作任务，按接受任务、收集信息、制订计划、任务实施、过程检查、反馈总结6个步骤展开，并设置量化技能考核点，以便学生掌握基本技能。

本书顺应"三教改革"要求，特别强调适岗性、自主性和新颖性。具体表现在以下方面：

（1）突出"岗课赛证"相融合。为贴近新能源汽车技术服务岗位职业技能（新能源汽车保养、维修及诊断等），所有检测数据均来源于实车真实数据，不是模拟或仿真数据；并且参照教育部颁发的新能源汽车专业教学标准和智能新能源"1+X"证书的相关要求，对接新能源汽车技术服务赛项赛点，力求做到"岗课赛证"相融合。

（2）"微课"主导教学过程。为突出以学生为中心、以能力为本位的教育理念，所附实训工单都配有对应的微课二维码，提供每一典型工作任务的规范操作视频，便于学生自主学习。

为了确保教材的编写质量，本书由具有一线工作经验的企业技术骨干和具备双师素质的"双高"校教师团队编写。广东轻工职业技术学院吴东盛、贵州装备制造职业学院杨正荣、杭州技师学院沐俊杰担任主编，武汉市交通学校向志伟、桂林市机电职业技术学校邓森、五家渠职业技术学校单玉龙担任副主编，参编人员有湖北工业职业技术学院张超、武汉机电工程学院朱岸、安徽六安技师学院侯书鸿、乌鲁木齐市职业中等专业学校杨帆、安徽机械工业学校代莹超、襄阳职业技术学院李世伟。

本书可作为职业院校新能源汽车专业的教学用书，也可以供新能源汽车技术培训机构使用，同时也可作为新能源汽车从业人员学习参考书。

编 者

# 目 录

前 言

## 项目一 整车控制器检修 ...001
一、整车控制系统的组成与功能 ...002
二、整车控制器 ...008
三、吉利 EV450 整车控制电路的分析 ...009
四、项目实施 ...014
  任务一 整车控制器电源故障检修 ...015
  任务二 整车控制器通信故障检修 ...017
复习题 ...018

## 项目二 整车控制系统传感器检修 ...020
一、整车控制器与其他子系统的关系 ...021
二、加速踏板位置传感器的工作原理 ...022
三、制动踏板位置传感器的工作原理 ...027
四、档位开关的工作原理 ...029
五、项目实施 ...030
  任务一 加速踏板位置传感器故障检修 ...031
  任务二 制动踏板开关故障检修 ...032
  任务三 档位开关故障检修 ...034
复习题 ...036

## 项目三 整车控制系统执行器检修 ...038
一、整车控制器的输出信号 ...039
二、冷却水泵控制的工作原理 ...040
三、DC/DC 变换器控制的工作原理 ...044
四、项目实施 ...047
  任务一 冷却水泵控制电路故障检修 ...047

任务二　DC/DC 变换器控制电路故障检修 ...049
　复习题 ...052

## 项目四　中央集控器通信故障检修 ...055

　一、汽车网络的通信协议 ...056
　二、CAN 总线传输系统 ...070
　三、LIN 总线系统 ...076
　四、项目实施 ...078
　　任务一　中央集控器电源故障检修 ...078
　　任务二　中央集控器通信故障检修 ...081
　复习题 ...083

## 项目五　车辆灯光系统故障检修 ...086

　一、汽车灯光系统的功用与种类 ...087
　二、汽车灯光系统的照明系统 ...088
　三、汽车灯光系统的信号系统 ...096
　四、纯电动汽车灯光系统的工作原理 ...102
　五、项目实施 ...109
　　任务一　转向灯不亮故障检修 ...109
　　任务二　雾灯不亮故障检修 ...114
　　任务三　前照灯自动开启不工作故障检修 ...118
　复习题 ...124

## 项目六　车辆舒适系统故障检修 ...126

　一、中控门锁系统 ...127
　二、电动车窗系统 ...143
　三、电动后视镜 ...153
　四、项目实施 ...158
　　任务一　车辆无法解锁故障检修 ...158
　　任务二　智能遥控功能失效故障检修 ...161
　　任务三　电动车窗不工作的故障检修 ...163
　　任务四　电动后视镜不能调整的故障检修 ...168
　复习题 ...172

**参考文献 ...175**

# 项目一　整车控制器检修

新能源汽车整车
控制系统检修

## 项目导入

小张是一家电动汽车 4S 店的维修助理。今天店里接到一位客户来电话反映打开启动开关后仪表盘上有多个故障灯点亮，不显示 READY，换档旋钮旋至 D 位或 R 位，车辆均无法行驶。通过拖车服务送到维修站后，经检查，确认是整车控制器（VCU）的故障，经修复后故障消失。

## 教学目标

**知识目标：**

1）掌握控制系统的概念、组成、功能。
2）掌握纯电动汽车整车控制系统的基本组成与功能。
3）会分析整车控制电路的控制过程。

**能力目标：**

1）能向客户介绍整车控制系统的作用及主要部件的安装位置。
2）能根据客户的描述进行综合分析，确认整车控制器的故障。
3）能根据故障现象进行整车控制器电源电路故障检修。
4）能根据故障现象进行整车控制器通信故障检修。
5）能运用示波器对整车控制器通信故障进行波形分析。

**素质目标：**

1）严格按规范执行高压下电操作。
2）总结训练成果，培养团队协作精神。
3）严格执行 6S 标准。

## 背景知识

### 一 整车控制系统的组成与功能

#### 1. 什么是控制系统？

控制系统一般包含传感器、控制器和执行元件。

传感器采集信息并转换成电信号发给控制器，控制器根据传感器的信息进行运算、处理和决策，并向执行元件发出控制指令以完成某项控制功能，如图 1-1 所示。

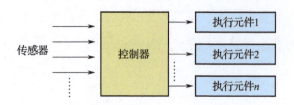

图 1-1　控制系统的组成

当系统中有两个控制系统并且需要相互通信时，可以通过 CAN 总线将两个控制系统连接起来，如图 1-2 所示。

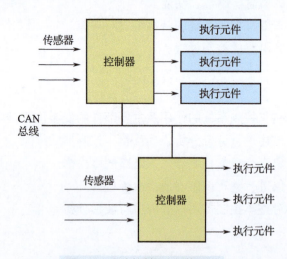

图 1-2　两个控制器之间的通信

当系统有多个控制器且控制器需要通信时，多个控制系统可以连接在总线上实现控制系统之间的信息通信，如图 1-3 所示。

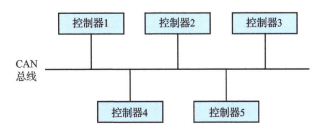

图 1-3 多个控制器之间的通信

**纯电动汽车与传统汽车控制系统的主要区别：**
1）传统汽车的控制系统是对等的，没有主次之分。
2）纯电动汽车的控制系统一般有一个主控制器，主控制器除了完成自身的控制功能以外，还肩负着整个控制系统的管理和协调功能。

**整车控制器采用分层控制方式：** 整车控制器作为第一层，其他各控制器为第二层，各控制器之间通过 CAN 网络进行信息交互，实施整车的功能控制，如图 1-4 所示。

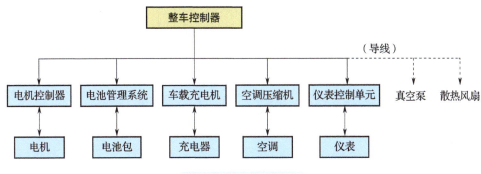

图 1-4 分层控制方式

### 2. 纯电动汽车整车控制系统的组成

纯电动汽车的整车控制系统通常包含低压电器控制系统、高压电器系统和整车网络化控制系统三部分，如图 1-5 所示。

低压电器控制系统主要由辅助蓄电池和若干低压电设备组成。低压电器控制系统采用直流 12V 或 24V 电源，一方面为灯光、刮水器等车辆常规低压电器供电，另一方面为整车控制器、高压电器设备的控制电路和辅助部件供电。

传统燃油汽车与纯电动汽车的低压电器控制系统主要区别：燃油汽车的辅助蓄电池由发电机来充电（发电机由发动机驱动），而纯电动汽车的辅助蓄电池由动力电池通过 DC/DC 变换器来充电。

高压电器系统主要由动力电池、驱动电机和功率变换器等大功率、高压的电器设备组成，根据车辆行驶的功率要求，完成从动力电池到驱动电机的能量转换与输送过程。

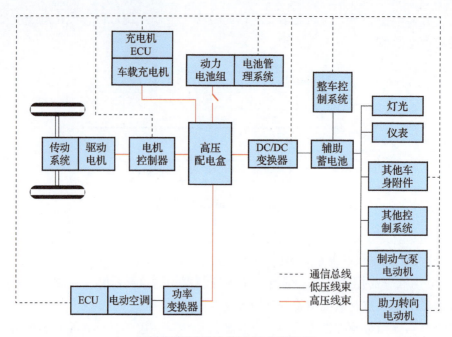

图 1-5 整车控制系统组成示意图

整车网络化控制系统主要包括整车控制器（VCU）、电机控制器、电池管理系统（BMS）、车身管理控制系统（含 BCM）、信息显示系统和通信系统等。整车控制器是整车控制系统的核心，承担了数据交换与管理、故障诊断、安全监控、驾驶员意图解析等功能。各子系统之间的信息传递通过网络通信系统实现，目前常用的通信协议是 CAN 协议。该协议具有较好的可靠性、实时性和灵活性。

整车控制系统必须具有可靠、容错、电磁兼容性好和环境适应性强等优点，才能保障整车的安全、可靠运行。

### 3. 整车控制器的功能

整车控制器的主要功能包括整车控制模式判断和驱动控制、整车能量优化管理、整车通信网络管理、制动能量回馈控制、故障诊断和处理、车辆状态监测和显示等，整车控制器功能如图 1-6 所示。

（1）整车控制模式判断和驱动控制

整车控制器通过各种状态信息（启动钥匙、充电信号、加速/制动踏板位置、当前车速和整车是否有故障信息等）来判断当前需要的整车工作模式（充电模式和行驶模式）。然后根据当前的参数和状态及前一段时间参数及状态，算出当前车辆的转矩能力，按当前车辆需要的转矩，计算出合理的最终实际输出的转矩。例如，当驾驶员踩下加速踏板时，整车控制器向电机控制单元发送电机输出转矩信号，电机控制系统控制电机按照驾驶员的意图输出转矩。

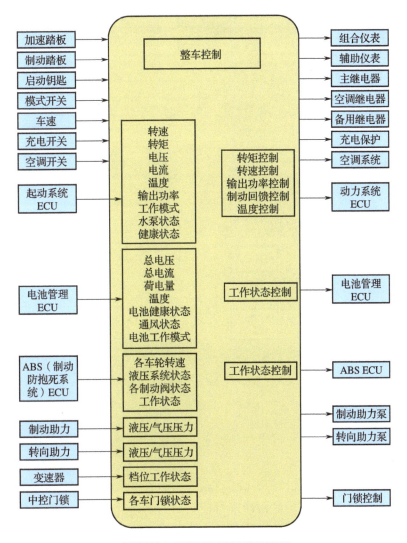

图1-6 整车控制器的功能框图

（2）整车能量优化管理

纯电动汽车有很多用电设备，包括电机和空调设备等。整车控制器可以对能量进行合理优化来提高纯电动汽车的续驶里程。例如当动力电池组电量较低时，整车控制器发送控制指令关闭部分起辅助作用的电器设备，将电能优先保证车辆的安全行驶。

（3）整车通信网络管理

在整车的网络管理中，整车控制器是信息控制的中心，负责信息的组织与传输、网络状态的监控、网络节点的管理、信息优先权的动态分配以及网络故障的诊断与处理等功能。通过CAN线协调电池管理系统、电机控制器、空调系统等模块相互通信，如图1-7所示。

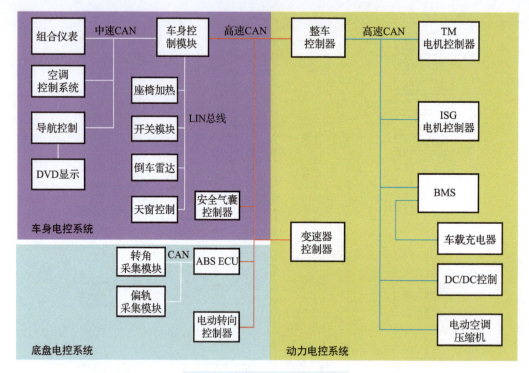

图 1-7 整车通信网络管理系统

（4）制动能量回馈控制

电动汽车的电机可以工作在再生制动状态，对制动能量进行回收利用是电动汽车和传统能源汽车的重要区别。

整车控制器根据行驶速度、驾驶员制动意图和动力电池组状态（如电池荷电状态 SOC 值）进行综合判断后，对制动能量回馈进行控制。如果达到回收制动能量的条件，整车控制器向电机控制单元发送控制指令，使电机工作在发电状态，将部分制动能量储存在动力电池组中，提高车辆能量利用效率。

（5）故障诊断和处理

故障诊断和处理功能通过连续监视整车电控系统，进行故障诊断，并及时进行相应的安全保护处理；根据传感器的输入及其他通过 CAN 总线通信得到的电机、电池、充电机等的信息，对各种故障进行判断、等级分类、报警显示，存储故障码以供维修时查看；故障指示灯指示出故障类型和部分故障码；对于不太严重的故障，能做到"跛行回家"。

（6）车辆状态监测和显示

整车控制器应该对车辆的状态进行实时检测，并且将各子系统的信息发送给车载信息显示系统，其过程是通过传感器和 CAN 总线，检测车辆状态以及动力系统和相关电器附件相关各子系统状态信息，驱动显示仪表，将状态信息和故障诊断信息通过数字仪表显示出来。显示内容包括：车速、里程、电机的转速、温度、电池的电量、电压、电流、故障信息等。

### 4. 整车控制系统的故障分级与警示

整车控制系统根据电机、电池、EPS（电动助力转向系统）、DC/DC、整车 CAN 网络及整车控制器等出现的故障进行综合判断，确定故障的等级并进行相应的控制处理。故障分为四级，见表 1-1。

表 1-1 整车控制系统的故障分级与处理

| 等级 | 名称 | 故障后处理 | 故障列表 |
| --- | --- | --- | --- |
| 一级 | 致命故障 | 紧急断开高压 | MCU 直流母线过电压故障，BMS 一级故障 |
| 二级 | 严重故障 | 二级电机故障零转矩，二级电机故障 20A 放电直流限功率 | MCU 相电流、IGBT、旋变等故障，电机节点丢失故障，档位信号故障 |
| 三级 | 一般故障 | 跛行 | 加速踏板信号故障 |
| 三级 | 一般故障 | 降功率 | MCU 电机超速保护 |
| 三级 | 一般故障 | 限功率 <7kW | 跛行故障、SOC<1%、BMS 单体电池欠电压、内部通信或硬件等二级故障 |
| 三级 | 一般故障 | 限速 <15km/h | 低压欠电压故障、制动故障 |
| 四级 | 轻微故障 | 只仪表显示，四级故障属于维修提示，但是 VCU 不对整车进行限制；四级能量回收故障，仅停止能量回收，行驶不受影响 | MCU 电机系统温度传感器、直流欠电压故障、VCU 硬件、DC/DC 异常等故障 |

当整车控制器对自身及各系统进行检测过程中发现故障问题时，会点亮仪表中相应的指示灯，如图 1-8 所示，以异常闪烁或常亮的方式进行警示，具体见表 1-2。

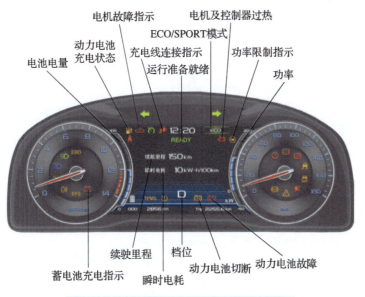

图 1-8 仪表盘中的常规指示灯及故障指示灯

表 1-2 常见的故障指示灯的名称、故障原因及工作条件

| 序号 | 指示灯 | 颜色 | 名称 | 异常闪烁 | 常亮 | 工作条件 |
| --- | --- | --- | --- | --- | --- | --- |
| 1 | | 红 | 12V 蓄电池充电故障警告灯 | — | DC/DC 未工作，12V 蓄电池电压异常，DC/DC 故障 | 总线信号，来自 VCU，ON |
| 2 | | 红 | 系统故障警告灯 | 仪表丢失 VCU 报文 | 车辆发生动力系统故障 | 总线信号，来自 VCU，ON |
| 3 | | 红 | 充电线连接指示灯 | — | 充电枪连接至充电口 | 硬线信号，来自 VCU，ON/OFF |
| 4 | | 红 | 制动故障警告灯 | 仪表丢失 ABS 报文 | 制动系统故障，制动液位低，EBD 故障 | 硬线信号，来自 VCU 和 ABS（BCM），ON |
| 5 | | 红 | 电机故障警告灯 | — | 电机系统故障 | 总线信号，来自 VCU，ON |
| 6 | | 红 | 动力电池故障警告灯 | — | 动力电池发生故障 | 总线信号，来自 VCU，ON |
| 7 | | 黄 | ABS 故障警告灯 | 仪表失去 ABS 信号 | ABS 故障 | 硬线信号，来自 VCU 和 ABS（BCM），ON |
| 8 | | 红 | 驱动电机过热警告灯 | — | 驱动电机系统过热 | 总线信号，来自 VCU，ON |

## 二 整车控制器

图 1-9 为吉利 EV450 整车控制器的位置示意图。

吉利 EV450 整车控制器是整车所有控制单元的运行平台，负责将驾驶员意图传递给整车动力系统，管理整车高压互锁、功率限制等安全保护策略。

车身控制模块（BCM）控制整车配电系统，其本身具有启动配电控制、低压辅助电器配电控制、防盗预警、碰撞解锁等功能。整车控制器的结构主体是金属外壳和 PCB 集成控制电路，如图 1-10 所示，VCU 的基本控制功能如图 1-11 所示。

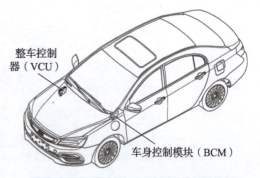

图 1-9 吉利 EV450 整车控制器的位置

a）外壳　　　　　　　　b）PCB集成控制电路

图1-10　VCU的结构主体

图1-11　VCU的基本控制功能

整车控制器通过慢充连接确认、快充连接确认、快充正极接触器控制、快充负极接触器控制、动力电池负极接触器控制、高压互锁等信号及电池管理系统信息，判断整车能否充电并进行充电时间控制。同时，整车控制器还通过DC/DC使能控制、水泵控制继电器等实施对纯电动汽车的辅助系统控制。由于VCU是整车的控制中心，VCU若发生故障，汽车各子系统将无法获得通信信息，从而导致多个故障灯点亮。

## 三　吉利EV450整车控制电路的分析

按照"控制系统的功能"对整车电路图进行分析，可以实施以下功能：整车控制模式判断和驱动控制、整车能量优化管理、整车通信网络管理、制动能量回馈控制、故障诊断和处理、车辆状态检测与显示。其电路如图1-12所示。

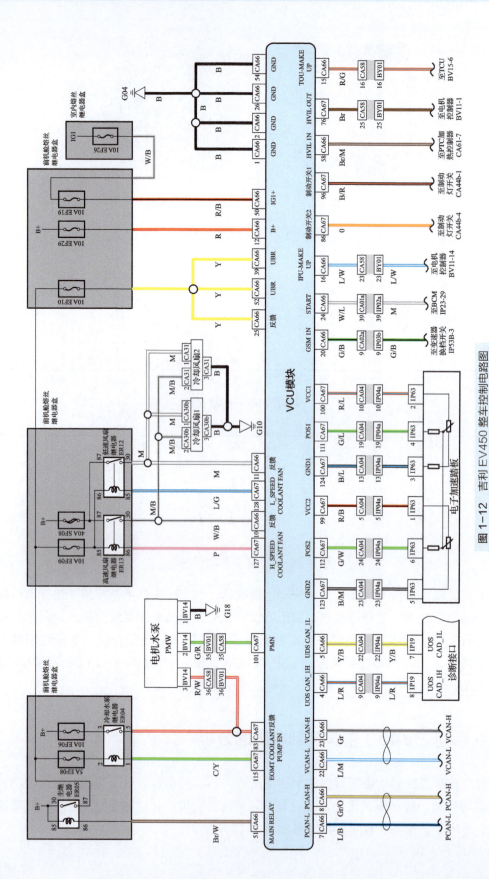

图1-12 吉利EV450整车控制电路图

通过图 1-12 可知，EV450 整车控制器还具有充电过程控制、高压互锁控制、上下电控制等功能。

对整车控制电路图进行简化，可以得到整车控制电路原理，如图 1-13 所示。其中结合本课程其他章节，对照电路图与原理框图分别阐述整车控制模式判断和驱动控制、整车能量优化管理、整车通信网络管理、制动能量回馈控制、充电过程控制、高压互锁控制、上下电控制等。

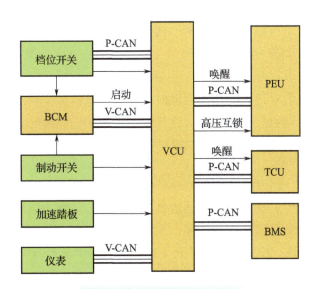

图 1-13　整车控制电路原理图

### 1. 整车模式与驱动控制

如图 1-12、图 1-13 所示，控制器（VCU）根据加速踏板信号（CA67/123、CA67/112、CA67/99、CA67/124、CA67/111、CA67/110）、制动踏板信号（通过 CA67/96、CA67/86）解释驾驶员的驾驶意图，根据控制策略中的相关规则将驾驶员发出的加速踏板信号和制动踏板信号转化为电机的转矩命令，并通过动力 CAN（CA66/7、CA66/8）传送给 PEU，PEU 实施对电机的控制以此满足驾驶员的驾驶模式需求。

值得注意的是，驱动电机完成驾驶员的操作响应完全取决于 VCU 对加速踏板信号和制动踏板信号的解释结果。此外，VCU 还根据驾驶员的输入：加速踏板信号、制动踏板信号和选档开关信号（CA66/20、CA67/86 或 V-CAN 信号）等信息控制驱动电机，以满足驾驶员对动力性、舒适性等要求。

EV450 有 P、R、N、D 4 个档位，加速踏板信号（CA67/123、CA67/112、CA67/99、CA67/124、CA67/111、CA67/110）和制动踏板信号（通过 CA67/96、CA67/86）将纯电动车的运动状态分为五种运行模式，分别是起车模式、正常驱动模式、失效保护模式、制动能量回馈模式和空档模式。整车控制器采集钥匙信号、加速踏板、制动踏板、档位信号和其他传感器信号，然后提取出有效值，整车控制策略通过对这些有效值判断、计算，取相应的驱动模式，然后向电机控制器发送整车期望转矩指令。

### 2. 制动能量回馈控制

正常驱动模式是指车辆处于驱动使能状态下，整车动力系统能够无故障运行，保障车辆正常行驶。此时整车控制器根据加速踏板信号（CA67/123、CA67/112、CA67/99、CA67/124、CA67/111、CA67/110）、车速（V-CAN）和电池状态信息（SOC、SOP）等，通过PT-CAN来确定发送给电机控制器的转矩指令，当电机控制器从整车控制器得到转矩输出的指令时，将动力电池提供的直流电，转化成三相交流电，驱动电机输出转矩，通过机械传输来驱动车辆。当车辆制动踏板信号（通过CA67/96）有效并且车速大于一定值，则对车辆的动能进行回收，开启制动能量回馈控制。由于电机既可以作为电动机，又可以作为发电机，此时电机有效地吸收车辆制动时的动能，电机将车辆的动能转化为电能，然后三相正弦交流电通过电机控制器转化为直流电，产生的电能给动力电池充电，增加能量的利用率，故电动汽车具有制动能量回馈的功能。

### 3. 整车通信网络管理和车辆状态监测与显示

在整车的网络管理中，整车控制器是信息管理的中心，负责信息的组织与传输、网络节点管理、信息优先权的动态分配及网络故障与诊断等功能，如图1-14所示。VCU通过动力CAN与车身CAN进行信息管理，并且实施在线监控和参数调整。

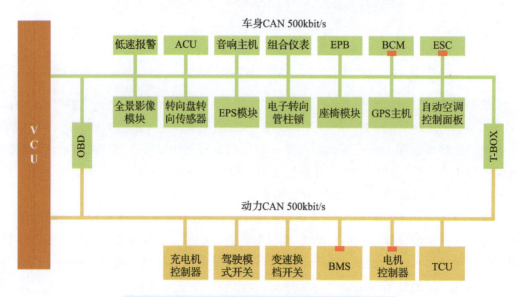

图1-14　EV450通信网络管理和车辆状态监测与显示

### 4. 充电过程控制

以慢充为例，当插入交流电供电装置的连接器（充电枪）时，由低压蓄电池给车辆控制器（VCU）、动力电池控制模块（BMS）供电，通过连接器上的CC信号给到车辆控制模块，此时车辆控制模块被唤醒，唤醒后的车辆控制模块唤醒其他控制模块，如动力电池模块、电机控制模块等，唤醒后这些模块也进行自检。

车辆控制模块通过 CAN 总线与动力电池模块、电机控制模块等进行通信，各个模块自检都通过后，车辆控制模块通过 CP 信号与交流电供电装置模块进行通信确认，当确定连接正常后，交流电供电装置控制继电器闭合，向车载充电机输入 220V 的交流电。动力电池控制模块检测动力电池状态符合充电要求，唤醒车载充电机向动力电池充电，并同时控制充电主继电器闭合，经车载充电机变压、整流后输出合适电压、电流的直流电给到高压分线盒，通过高压分线盒向动力电池进行充电。动力电池控制模块检测动力电池状态的变化，控制车载充电机输出电流的大小。动力电池控制模块检测到动力电池充满或交流慢充供电装置异常时，控制充电主继电器断开，同时控制交流供电装置停止输出交流电。

### 5. 上下电的控制

吉利 EV450 上下电控制涉及整车控制器（VCU）、动力电池管理系统（BMS）、电机控制器（PEU）、车身控制模块（BCM）、减速机控制器（TCU）、安全气囊控制器（ACU）、高压配电盒（B-BOX）、驱动电机、制动开关、档位开关等，如图 1-13 所示。

（1）上电控制

1）吉利 EV450 采用无钥匙进入与启动系统，车身控制模块（BCM）检测周围遥控器（UID）的有效性，遥控器发出信号回应车辆，BCM 控制解锁转向柱电子锁（ESCL），此时 BCM 通过 CAN 网络系统与动力系统进行信息认证。当驾驶员将一键启动开关置于 ACC 档，BCM 通过 IP23/32 端子控制 ACC 继电器 IR03 闭合，给 ACC 用电设备供电。当驾驶员将启动开关置于 ON 档，BCM 通过 IP23/15、IP23/31 控制 IG1、IG2 继电器闭合，IG1 给 VCU 供电，IG2 给 BMS、PEU 等电控单元供电，VCU、BMS、PEU 等进行自检，无故障进入下一步。

2）当驾驶员踩下制动踏板，按下启动开关（ST 档），请求上电。BCM 发送启动信号给 VCU，VCU 通过动力 CAN（P-CAN）检测是否满足上电条件，包括制动开关信号、档位开关信号、高压互锁信号、旋变传感器正弦信号、旋变传感器激励信号、温度传感器信号、碰撞信号、动力电池电流电压、整车漏电信号等是否正常。

3）满足上电条件的情况下，VCU 通过动力 CAN 唤醒 BMS，BMS 控制负极接触器先闭合，然后启动预充程序，先闭合预充主预充继电器，串联预充电阻向车载充电机及分线盒总成输出高压电。BMS 监测输出母线电压，当输出母线电压与动力电池电压相差小于 50V，控制主正接触器闭合，断开主预充接触器，完成上电过程。

4）完成上电后，VCU 通过 VCAN 总线点亮仪表"READY"指示灯。同时 VCU 向 PEU 发送指令，指示电机使能信息、电机模式信息（再生制动，正向驱动，反向驱动）以及相应模式下的电机转矩；PEU 向 VCU 上报电机和控制器的各种参数及故障报警信息，主要参数包括电机转速、电机转矩、电机电压和电流，车辆进入行驶准备状态。

（2）下电控制

上电状态下，BMS、VCU、PEU 等监测到漏电、碰撞、高压互锁、旋变传感器等故障信号时，让 BMS 控制主正接触器、负极接触器和分压接触器断开，电动汽车下电。或当驾驶员再次按下启动按钮下电时，BCM 向 VCU 请求下电，VCU 通过 PCAN 总线让 PEU 切断驱动电机驱动电源，然后通过 P-CAN 发送指令给 BMS，BMS 控制主正接触器、负极接触器断开，电动汽车下电。

### 6. 高压互锁控制

吉利 EV450 整车高压互锁原理如图 1-15 所示，通过整车控制器发出 PMW 信号，经过电机控制器、车载充电机、空调压缩机、加热控制器再回到整车控制器，形成一个闭环的监测系统。当整车发生碰撞时，碰撞传感器发出碰撞信号，触发 HVIL 断电信号，整车高压源会在毫秒级时间内自动断开，以保障用户的安全。

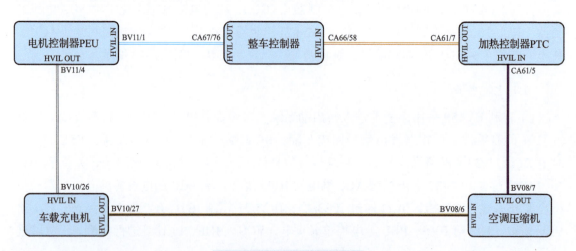

图 1-15　高压互锁控制原理

## 四　项目实施

### 实施准备

安全防护：做好车辆安全防护与隔离（车辆挡块、警示隔离带、高压危险警示牌）
工具设备：数字万用表、示波器、解码器
实训车辆：吉利 EV450
辅助资料：汽车原厂维修手册、原厂电路图

### 实施步骤

1）试车，根据项目工单填写相关内容。

2）检查车辆基本信息，根据项目工单填写相关内容。

3)故障分析与确定故障作业流程,小组讨论,分析可能的故障原因,用思维导入的方法画出故障可能的部位,并进行诊断流程的确认。本案例故障的思维导图如图1-16所示。

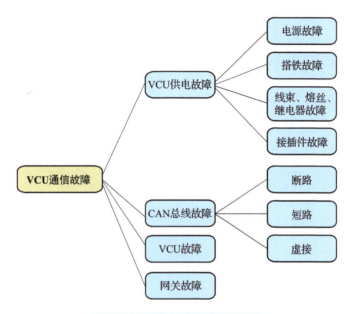

图1-16 本案例故障的思维导图

可能出现的原因有三个:电源故障、VCU电源故障、VCU通信故障。

4)实施故障诊断及排除。

①连接故障诊断仪,读取故障码。

②查阅原厂电路图,按照"整车控制器(VCU)电源故障"及"整车控制器(VCU)通信故障"进行检修。

5)故障修复后试车。

## 任务一 整车控制器电源故障检修

图1-17为VCU的插接器CA66、CA67,表1-3为VCU插接器端子定义,图1-18为VCU电源电路图。VCU供电电源电路检测步骤如下:

整车控制器电源故障检修

1)用诊断仪访问VCU,检查是否输出DTC,根据输出DTC检修电路。

2)检查蓄电池电压,应为11~14V。

3)检查VCU熔丝EF19、EF29是否熔断,EF19、EF29线路是否有断路故障。

4)检查VCU插接器CA66端子电压,将启动开关置于OFF档,断开VCU线束插接器CA66,将启动开关置于ON档,用万用表直流20V档测量CA66/12-CA66/1、CA66/50-CA66/1电压,应为11~14V。

5)检查VCU插接器CA66搭铁端子导通性。将启动开关置于OFF档,测量CA66/1、CA66/2、CA66/26、CA66/54与车身搭铁电阻,应小于1Ω。

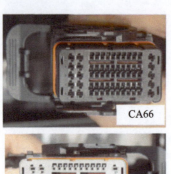
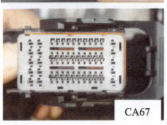
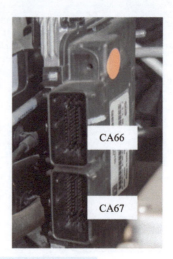

图 1-17　VCU 插接器 CA66 和 CA67

表 1-3　VCU 插接器端子定义

| 插头编号 | 端子号 | 端子定义 | 线色 | 插头编号 | 端子号 | 端子定义 | 线色 |
|---|---|---|---|---|---|---|---|
| CA66 | 1 | GND | B | CA67 | 76 | 高压互锁输入 | Br |
| | 2 | GND | B | | 83 | 冷却水泵电源反馈 | R\W |
| | 4 | USCAN-H | L\R | | 86 | 制动开关 2 | O |
| | 5 | USCAN-L | Y\B | | 96 | 制动开关 1 | Br |
| | 7 | PCAN-L | L\B | | 99 | 加速踏板电源 2 | R\B |
| | 8 | PCAN-H | Gr\O | | 100 | 加速踏板电源 1 | R\L |
| | 10 | 高速风扇电源反接 | W\B | | 101 | 水泵检测 | G\R |
| | 11 | 低速风扇电源反接 | w | | 111 | 加速踏板信号 1 | G\L |
| | 12 | 常电 | r | | 112 | 加速踏板信号 2 | G\W |
| | 15 | 变速器唤醒输出 | R\G | | 115 | 冷却水泵继电器控制 | G\Y |
| | 16 | 电机控制器唤醒输出 | L\W | | 123 | 加速踏板搭铁 2 | B\W |
| | 20 | P 位指示灯信号输出 | G\B | | 124 | 加速踏板搭铁 1 | B\L |
| | 22 | VCAN-L | L\W | | 127 | 高速风扇继电器控制 | P |
| | 23 | VCAN-H | Gr | | 128 | 低速风扇继电器控制 | L\G |
| | 24 | 启动信号 | W\L | | | | |
| | 25 | 主继电器电源反馈 | Y | | | | |
| | 26 | GND | B | | | | |
| | 39 | 电源正极（反接保护） | Y | | | | |
| | 50 | IG1 | R\B | | | | |
| | 51 | 主继电器控制 | Br\W | | | | |
| | 52 | 电源正极（反接保护） | Y | | | | |
| | 54 | GND | B | | | | |
| | 58 | 高压互锁输出 | Br\w | | | | |

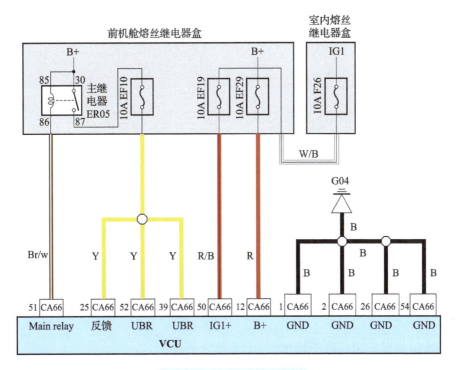

图 1-18 VCU 供电电路图

## 任务二　整车控制器通信故障检修

图 1-19 所示为整车控制局部电路图，CA66/7、CA66/8、CA66/22、CA66/23 为动力 CAN 和车身 CAN 信号，关闭启动开关，将无损探针分别刺入 CA66/22、CA66/23 端子，连接双通道示波器测试线，打开启动开关，用示波器观察 V-CAN-H 和 V-CAN-L 信号。同理，检查 CA66/7、CA66/8 的 P-CAN-H 和 P-CAN-L 信号，对波形进行分析。

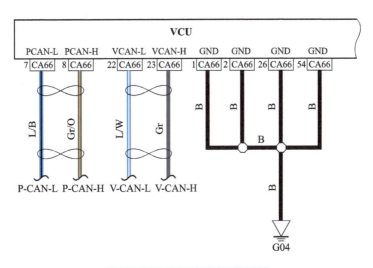

图 1-19 整车控制局部电路图

## 复习题

### 1. 单项选择题

（1）VCU 是指（　　）。
　　A. 整车控制器　　B. 车身稳定控制系统　　C. 动力电池管理系统　　D. 电机控制器
（2）加速踏板信号故障属于（　　）故障。
　　A. 一级　　　　　B. 二级　　　　　　　　C. 三级　　　　　　　　D. 四级

### 2. 填空题

（1）纯电动汽车的整车控制系统通常包含_____、_____和整车网络化控制系统三部分。
（2）纯电动汽车与传统汽车的控制系统主要的区别在于_____。
（3）整车控制器进行驾驶员意图解释是主要依据驾驶员的操作信号有：_____、_____和_____。
（4）吉利 EV450 的整车控制器安装在_____。

### 3. 简答题

（1）简述整车控制器的功能。

（2）画出吉利 EV450 的 VCU 电源电路简图。

## 4. 任务实施考核

| 作业内容 | 评分要点（各竞赛环节漏项或累计最多扣相应配分） | 配分 | 扣分 | 判罚依据 |
|---|---|---|---|---|
| 人物安全 | ☐ 未按实训要求着装的扣 10 分<br>☐ 举升车辆或上电未有效警示他人的每次扣 10 分<br>☐ 可能构成设备损坏或人身伤害的操作每次扣 10 分 | 10 | | |
| 设备使用 | ☐ 未检查绝缘手套密封性的扣 10 分<br>☐ 未检查工具、仪器外观损伤的扣 10 分<br>☐ 使用万用表前未进行电阻校准的扣 10 分<br>☐ 未检查数字万用表的电阻量程（校零）的扣 10 分<br>☐ 未检查耐磨手套、护目镜、安全帽外观损伤的扣 10 分<br>☐ 工具仪器使用不合理、跌落或未合理归位的每次扣 10 分 | 20 | | |
| 团队协作 | ☐ 出现两条作业主线的每次扣 1 分<br>☐ 小组内部缺乏交流的每次扣 1 分<br>☐ 小组分工不明配合混乱的每次扣 1 分 | 10 | | |
| 作业要求 | ☐ 故障判断遗漏的，每个故障点扣 10 分<br>☐ 未同步记录作业过程的每次扣 10 分<br>☐ 记录数据与测量数据不符的每次扣 10 分<br>☐ 使用万用表、示波器前未断电被老师制止的每次扣 10 分 | 40 | | |
| 职业素养 | ☐ 整理、整顿（2 分）<br>☐ 清理、清洁（2 分）<br>☐ 素养、节约（1 分）<br>☐ 安全（2 分）<br>☐ 检查作业环境是否配备灭火器（1 分）<br>☐ 检查举升机举升情况是否正常（2 分） | 10 | | |
| 现场恢复 | ☐ 未关闭驾驶员侧车窗的扣 10 分<br>☐ 未拆卸翼子板布、格栅布的扣 10 分<br>☐ 未拆卸车内四件套并丢弃到垃圾桶的扣 10 分<br>☐ 未移除高压警示标识等到指定位置的扣 10 分<br>☐ 未恢复工位到原标准工位布置状态的扣 10 分<br>☐ 未将钥匙、诊断报告放至指定位置的扣 1 分 | 10 | | |
| 追加处罚 | ☐ 未执行高压作业断电流程被裁判制止的每次扣 30 分<br>☐ 断电时未有效佩戴绝缘手套、护目镜的每次扣 30 分<br>☐ 断电前未关闭启动开关、未妥善保管智能钥匙的每次扣 30 分<br>☐ 断电前未断开辅助蓄电池负极、未做安全防护的每次扣 30 分<br>☐ 断电未正确拔下直流母线插头、未做安全防护的每次扣 30 分<br>☐ 未按正确安全操作程序，损伤、损毁车辆或竞赛设备，视情节扣 50 分，造成特别严重安全事故的终止比赛，成绩记 0 分<br>☐ 未按正确安全操作程序，造成人员伤害，视情节扣 20~50 分，造成特别严重安全事故的终止比赛，成绩记 0 分<br>说明：追加处罚不配分只扣分，至职业素养和操作规范扣完为止。 | | | |

# 项目二　整车控制系统传感器检修

新能源汽车整车
控制系统检修

## 项目导入

　　一辆吉利帝豪 EV450 纯电动车，客户反映踩下加速踏板车辆无法加速，仪表上显示车辆进入跛行状态。经检查，加速踏板位置传感器损坏，更换加速踏板总成后故障消失。

## 教学目标

**知识目标：**

1）掌握电动汽车整车驱动控制的原理。
2）掌握电动汽车加速踏板位置传感器、制动开关、档位开关的工作原理。
3）掌握 EV450 传感器的故障原因分析。

**能力目标：**

1）能正确认知整车控制系统各传感器。
2）能正确识读电路图并画出 EV450 各传感器相关电路图。
3）能进行 EV450 整车控制器传感器的故障诊断与排除。

**素质目标：**

1）严格执行汽车传感器检修规范，养成科学严谨的工作态度。
2）培养团结协作精神。
3）严格执行 6S 标准。

## 背景知识

### 一 整车控制器与其他子系统的关系

整车控制系统的主要功能是根据驾驶员的驾驶意图,如加速、制动等信号和各个汽车控制单元的当前状态对电动汽车的动力输出、能量管理、转向、空调、冷却等做出最优的协调控制,保障汽车的动力性、经济性、安全性和舒适性。整车控制器与其他子系统的连接关系如图2-1所示。

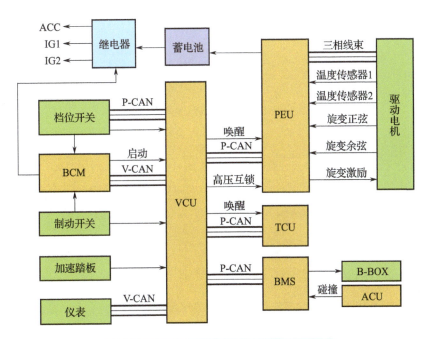

图 2-1　整车控制器与其他子系统的连接关系

整车控制器(VCU)通过P-CAN总线与BMS、TCU、PEU进行连接,通过V-CAN与BCM连接,VCU直接接收的信号主要有钥匙信号、档位信号、制动踏板信号、加速踏板信号、高压互锁检测信号等,VCU对接收的信号进行计算,计算出电机的输出功率或者转矩,并将相应的指令发给子系统的控制器,各子系统控制器按照一定的控制策略对各个控制器进行控制,实现整车驱动控制、能量优化控制、制动回馈控制和网络管理等功能。

整车控制器的驱动控制结构框图如图2-2所示,整个控制策略分为四个部分:加速踏板信号处理、驾驶员意图解析、车身驱动控制和修正输出控制。

若传感器及其电路(如加速踏板信号、制动踏板信号、档位开关信号等)故障,整车控制器VCU将无法通过整车状态信息来判断驾驶员的需求,汽车会出现动力驱动方面的故障,如图2-3所示。

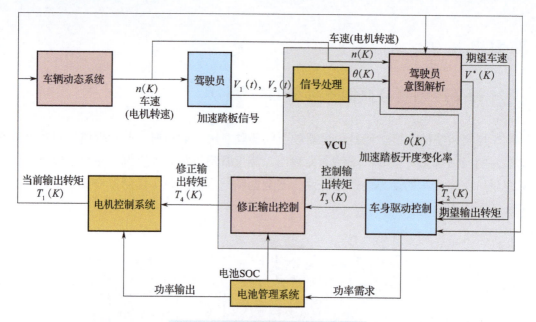

图 2-2 整车控制器驱动控制结构框图

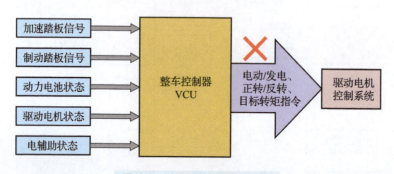

图 2-3 动力驱动故障的示意图

## 二 加速踏板位置传感器的工作原理

加速踏板位置传感器安装于驾驶室内的加速踏板模块中，如图 2-4 所示，由其感知并检测加速踏板的位置信息并转变为电信号传递给整车控制器。为了最大程度保证信号的可靠性，在加速踏板模块处往往装设两个加速踏板位置传感器。

根据结构原理的不同，加速踏板位置传感器主要分为接触式和非接触式两种。滑动触点传感器是典型的接触式加速踏板位置传感器，两个滑动触点传感器安装在同一根轴上，滑动触点传感器的电阻和传送至整车控制器的电压随着加速踏板位置的变化而变化。

图 2-4 加速踏板传感器

## 1. 接触式加速踏板位置传感器

如图2-5所示,滑动触点传感器上的起始电压均为5V,出于信号的可靠性和安全性考虑,每个传感器都有独立的电源线(浅绿色)、搭铁线(棕色)和信号线(深绿色)。输出信号为电压信号,在相应数据块中显示为百分数,5V为100%。为了信号的可靠性和功能自测试的需要,在G185上另安装有串联电阻R,因此两个加速踏板位置传感器的电阻特性不同,在工作时,G185电阻是G79电阻的2倍。电阻特性的不同,带来的是两个传感器输出特性的不同,G79输出信号为G185的2倍,如图2-6所示,G79范围12%~97%,G185范围4%~49%。

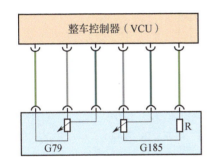

图2-5 滑动触点式加速踏板位置传感器电路

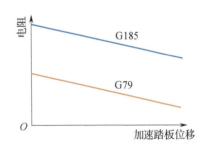

图2-6 滑动触点式加速踏板位置传感器电阻特性

## 2. 非接触式加速踏板位置传感器

霍尔效应(芯片)式旋转位置传感器是最常见的非接触式加速踏板位置传感器。如图2-7所示,霍尔IC芯片安装在加速踏板的轴上固定不动,两个磁铁安装在加速踏板的旋转部件上,可随加速踏板一起动作。为保证信号的可靠,在加速踏板轴上安装了两个霍尔IC芯片,相当于两个加速踏板位置传感器,在工作时,可同时向整车控制器输送两个加速踏板位置信号。

工作时,与加速踏板联动的永久磁铁随加速踏板的动作而一起旋转,改变磁铁与霍尔元件之间的相对位置,从而改变了磁力线射入霍尔元件的角度,也就改变了霍尔元件输出的电压值。霍尔元件输出的电压值与加速踏板内的磁铁位置有一一对应的线性关系,霍尔元件的输出电压就可以反映加速踏板所处的位置。

图2-7 霍尔效应式加速踏板位置传感器实物

图2-8为某车型霍尔式加速踏板位置传感器的电路图,VCPA和VCPA2是两个霍尔式旋转位置传感器的电源线,由整车控制器VCU提供5V电源电压,EPA和EPA2是两个传感器的信号线,两个霍尔式旋转位置传感器根据加速踏板位置产生的信号电压由这两根线传送给整车控制器,VPA和VPA2是两个传感器的搭铁线。

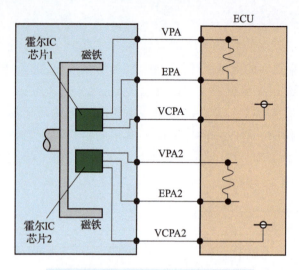

图 2-8 霍尔式加速踏板位置传感器电路

如图 2-9 所示,为了信号的可靠性和功能自测试的需要,EPA2 的信号电压比 EPA 的信号电压始终高 0.8V,在加速踏板完全松开的时候,EPA 的电压约为 0.8V,EPA2 的电压约为 1.6V;当加速踏板完全踩下的时候,EPA 的电压约为 3.188V,EPA2 的电压约为 3.988V。

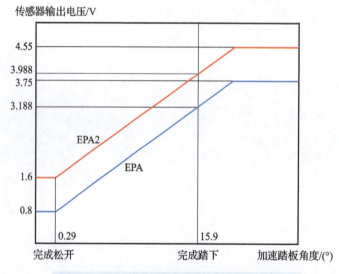

图 2-9 霍尔式加速踏板位置传感器信号电压特性

非接触式加速踏板位置传感相对于接触式加速踏板位置传感器最大的优点就是在工作过程中没有机械磨损,从而提高了工作的可靠性和耐久性。

### 3. 北汽 EV200 加速踏板位置传感器的工作原理及故障检测

图 2-10 所示为北汽 EV200 加速踏板位置传感器,该传感器为霍尔式传感器,将

加速踏板的旋转位置信号转换为电压信号，同时传给整车控制器，让其进行对比判断，图 2-11 为北汽 EV200 加速踏板位置传感器插头及线束连接端子。

| 端子号 | 针脚定义 |
| --- | --- |
| 1 | 电源2 |
| 2 | 电源1 |
| 3 | 搭铁1 |
| 4 | 信号1 |
| 5 | 搭铁2 |
| 6 | 信号2 |

图 2-10 北汽 EV200 加速踏板外观　　图 2-11 北汽 EV200 加速踏板位置传感器插头及线束连接端子

电源提供的工作电压一般为 $(5±0.3)$ V，工作电流为 8mA，随加速踏板行程的增大，传感器输出信号电压值增加，如图 2-12 所示。

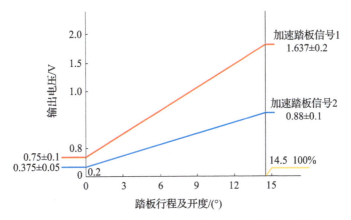

图 2-12 北汽 EV200 加速踏板位置传感器的电压特性

若加速踏板传感器出现故障，应对传感器电路进行检测，可以进行电压、电阻及波形检测：

1）关闭启动开关，拔下加速踏板传感器插头，打开启动开关，用万用表检测加速踏板位置传感器 1 号、2 号端子（电源线）与搭铁之间的电压，正常应该显示为 5V。

2）关闭启动开关，用万用表检测端子上的 3 号、5 号端子与搭铁之间的电阻，万用表显示应小于 1Ω。

3）用示波器的双通道分别插入 4 号、6 号端子（信号线），观察输出的波形，判断是否属于传感器的故障。

### 4. 比亚迪 E6 加速踏板位置传感器

图 2-13 所示为比亚迪 E6 加速踏板位置传感器，位于主驾驶员右脚处。该传感器为滑动电阻式传感器，有两套相同的控制电路，采用通过可变电阻原理检测加速踏板位置信号，如图 2-14 所示。该传感器插头及针脚顺序如图 2-15 所示。

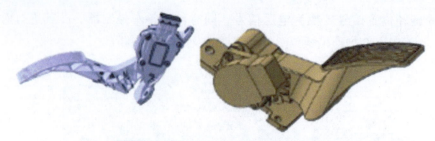

图 2-13  比亚迪 E6 加速踏板位置传感器

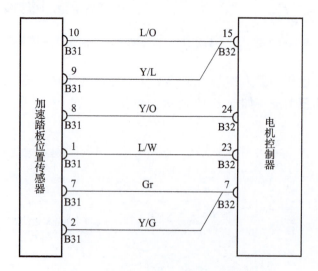

图 2-14  比亚迪 E6 加速踏板位置传感器电路图

| 插头图示 | 端子 | 条件 | 正常值 |
| --- | --- | --- | --- |
| B31 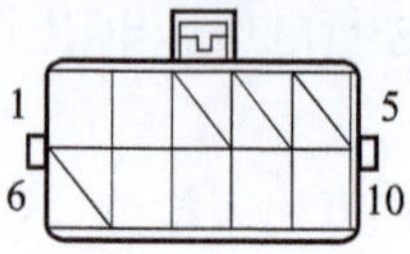<br><br>B32 | B31-1 → 车身搭铁 | 不踩加速踏板 | 约 0.66V |
|  |  | 加速踏板踩到底 | 约 4.45V |
|  | B31-8 → 车身搭铁 | 不踩加速踏板 | 约 4.34V |
|  |  | 加速踏板踩到底 | 约 0.55V |
|  | B31-2 → 车身搭铁 | ON 档电 | 约 5V |
| 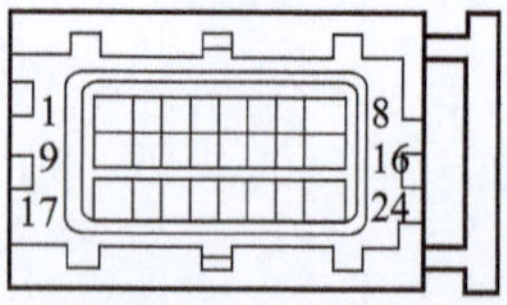  | B31-7 → 车身搭铁 | ON 档电 | 约 5V |
|  | B31-9 → 车身搭铁 | ON 档电 | 小于 1V |
|  | B31-10 → 车身搭铁 | ON 档电 | 小于 1V |

图 2-15  比亚迪 E6 加速踏板位置传感器插头及针脚顺序

比亚迪 E6 加速踏板位置传感器的故障检测：

1）电压检测：按照图 2-15 的要求和条件对加速踏板位置传感器进行检测，若检测结果不符合要求，可以判断为传感器故障。

2）电阻检测：按照表 2-1 的要求进行电阻检测，若检测结果不符合要求，可以判断为线路故障。

表 2-1　比亚迪 E6 加速踏板位置传感器端子的整车阻值

| 端子 | 正常值 | 端子 | 正常值 |
| --- | --- | --- | --- |
| B31-2 → B32-7 | 小于 1Ω | B31-2 → 车身搭铁 | 大于 10kΩ |
| B31-7 → B32-7 | 小于 1Ω | B31-7 → 车身搭铁 | 大于 10kΩ |
| B31-1 → B32-23 | 小于 1Ω | B31-1 → 车身搭铁 | 大于 10kΩ |
| B31-8 → B32-24 | 小于 1Ω | B31-8 → 车身搭铁 | 大于 10kΩ |
| B31-9 → B32-15 | 小于 1Ω | B31-9 → 车身搭铁 | 大于 10kΩ |
| B31-10 → B32-15 | 小于 1Ω | B31-10 → 车身搭铁 | 大于 10kΩ |

3）动态信号检测：利用示波器双通道插入 1 号和 8 号端子，进行动态信号检测，以判断传感器信号是否正常。

## 三 制动踏板位置传感器的工作原理

### 1. 制动开关的原理与故障检测

制动开关的作用是将驾驶员对制动踏板的动作转换成信号输送给整车控制器，整车控制器以此解释驾驶员意图并控制制动灯工作。制动开关常为触点开关，制动踏板的位置决定了制动开关触点的工作状态，如图 2-16 所示。

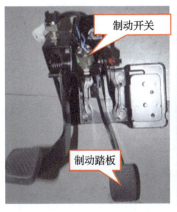
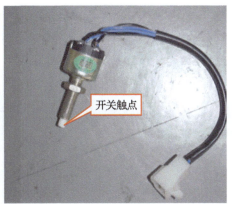

图 2-16　制动开关

制动开关的工作原理如图 2-17 所示，当驾驶员踩下制动踏板后，无论启动开关位于什么档位，制动灯都点亮；当车辆正常行驶时，整车控制器接收到制动开关信号后，将进行制动能量回收控制。

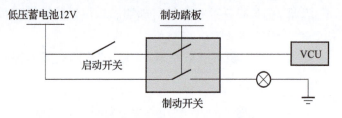

图 2-17 制动开关的工作原理

### 2. 制动踏板位置传感器

制动踏板位置传感器,也称为制动深度传感器,其功用是接收制动踏板深度信号,电机控制器实现对电机的控制,如电机的转速、制动回馈、制动优选等功能。图 2-18 所示为比亚迪 E6 制动踏板位置传感器安装位置,图 2-19 为制动踏板位置传感器电路。它与加速踏板位置传感器的工作原理相同,采用两套相同的控制电路,通过可变电阻原理检测制动踏板的位置。

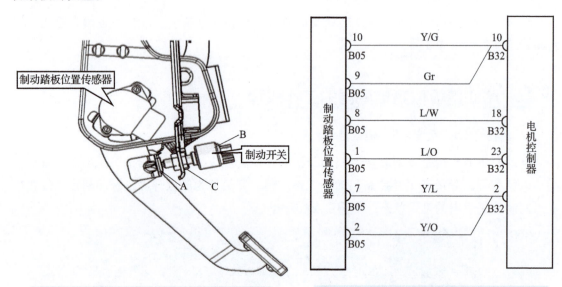

图 2-18 比亚迪 E6 制动踏板位置传感器的位置

图 2-19 比亚迪 E6 制动踏板位置传感器电路

制动踏板位置传感器的检测也需要进行电压检测和电阻检测,需要按照图 2-20 所示插接器及端子顺序进行检测,检测要按表 2-2、表 2-3 的要求进行。

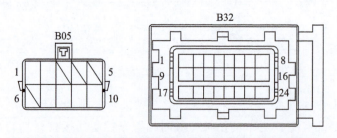

图 2-20 比亚迪 E6 制动踏板位置传感器端子插头及脚针顺序

制动踏板位置传感器的电压检测若不符合表 2-2 的要求,可以判断为传感器故障。

表 2-2　比亚迪 E6 制动踏板位置传感器端子电压的正常值

| 端子 | 条件 | 正常值 |
| --- | --- | --- |
| B05-1→车身搭铁 | 不踩制动踏板 | 约 0.66V |
| B05-1→车身搭铁 | 制动踏板踩到底 | 约 4.45V |
| B05-8→车身搭铁 | 不踩制动踏板 | 约 4.34V |
| B05-8→车身搭铁 | 踩制动踏板 | 约 0.55V |
| B05-2→车身搭铁 | ON 档电 | 约 5V |
| B05-7→车身搭铁 | ON 档电 | 约 5V |
| B05-9→车身搭铁 | ON 档电 | 小于 1V |
| B05-10→车身搭铁 | ON 档电 | 小于 1V |

制动踏板位置传感器的电阻检测若不符合表 2-3 的要求,可以判断为线路故障。

表 2-3　比亚迪 E6 制动踏板位置传感器端子电阻的正常值

| 端子 | 正常值 | 端子 | 正常值 |
| --- | --- | --- | --- |
| B05-2→B32-7 | 小于 1Ω | B05-2→车身搭铁 | 大于 10kΩ |
| B05-7→B32-2 | 小于 1Ω | B05-7→车身搭铁 | 大于 10kΩ |
| B05-1→B32-17 | 小于 1Ω | B05-1→车身搭铁 | 大于 10kΩ |
| B05-8→B32-18 | 小于 1Ω | B05-8→车身搭铁 | 大于 10kΩ |
| B05-9→B32-10 | 小于 1Ω | B05-9→车身搭铁 | 大于 10kΩ |
| B05-10→B32-10 | 小于 1Ω | B05-10→车身搭铁 | 大于 10kΩ |

## 四　档位开关的工作原理

纯电动汽车常用旋钮式电子档位开关,图 2-21 所示为北汽 EV200 旋钮式电子换档开关,共设有 R(倒车档)、N(空档)、D(前进档)、E(能量回收档)四个档位。当驾驶员进行档位操作后,换档旋钮上相应的档位指示灯将点亮,同时,仪表盘中也将给出当前档位信息。

图 2-21　北汽 EV200 旋钮式电子换档开关

档位开关将档位信号送入整车控制器,整车控制器将根据当前的档位进行相应的模式切换控制,换档信号输入电路如图 2-22 所示。

电子换档开关内部使用光电结式结构,在不同档位时输出不同的 B2、B3、B4、B5 组合信号给整车控制器,整车控制根据不同的组合信号辨别当前的档位,见表 2-4。

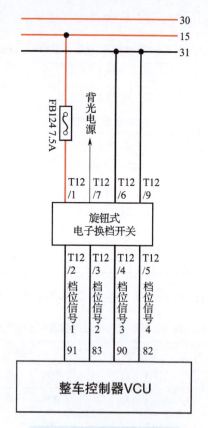

图 2-22　换档信号输入电路

表 2-4　档位与输出信号的关系

| 旋钮式电子换档开关 | E | R | N | D |
| --- | --- | --- | --- | --- |
| T12/2 | 0.3V | 4.8V | 4.8V | 0.3V |
| T12/3 | 4.8V | 4.8V | 0.3V | 4.8V |
| T12/4 | 4.8V | 0.3V | 0.3V | 0.3V |
| T12/5 | 0.3V | 0.3V | 4.8V | 4.8V |

## 五　项目实施

### ▶ 实施准备

安全防护：做好车辆安全防护与隔离（车辆挡块、警示隔离带、高压危险警示牌）

工具设备：数字万用表、示波器、解码器

实训车辆：吉利 EV450

辅助资料：汽车原厂维修手册、原厂电路图

## 任务一 加速踏板位置传感器故障检修

⚠ **情景引入**：一辆吉利帝豪 EV450 纯电动车，客户反映踩下加速踏板车辆无反应，不能加速，仪表上显示车辆进入跛行状态。经检查，加速踏板位置传感器损坏，更换加速踏板总成后故障消失。

加速踏板位置传感器故障检修

**任务分析及实施：**

吉利 EV450 加速踏板位置传感器采用两套相同的控制电路，通过可变电阻检测加速踏板位置信号，如图 2-23 所示。

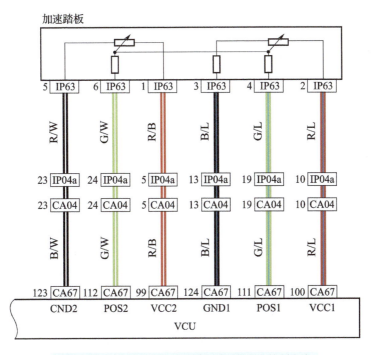

图 2-23 吉利 EV450 加速踏板位置传感器控制电路

VCU 的 CA67/111、CA67/112 为加速踏板信号，CA67/99、CA67/100 为电源，CA67/123、CA67/124 接地。该传感器插接器端子顺序及含义如图 2-24 及表 2-5 所示。

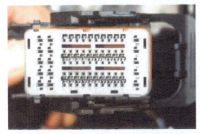

a) CA67 VCU 模块线束插接器 B

b) IP63 电子加速踏板线束插接器

图 2-24 吉利 EV450 加速踏板位置传感器与 VCU 之间线束插接器及端子顺序

表2-5　吉利EV450加速踏板位置传感器与VCU之间线束插接器端子含义

| 插接器编号 | 端子号 | 端子定义 | 线色 |
| --- | --- | --- | --- |
| CA67 | 76 | 高压互锁输入 | Br |
| | 83 | 水泵电源反馈 | R/W |
| | 86 | 制动开关2（动断） | O |
| | 96 | 制动开关1（动合） | Br |
| | 99 | 加速踏板电源2 | R/B |
| | 100 | 加速踏板电源1 | R/L |
| | 101 | 水泵检测 | G/R |
| | 111 | 加速踏板信号1 | G/L |
| | 112 | 加速踏板信号2 | G/W |
| | 115 | 水泵继电器控制 | G/Y |
| | 123 | 加速踏板搭铁2 | B/W |
| | 124 | 加速踏板搭铁1 | B/L |
| | 127 | 高速风扇继电器控制 | P |
| | 128 | 低速风扇继电器控制 | L/G |

1）将启动开关置于ON档，连接故障诊断仪，读取故障码，有故障码根据故障码信息进行排查。

2）检查加速踏板与VCU之间的线束，启动开关置于OFF状态，断开蓄电池负极电缆，并等待至少90s以上，断开VCU线束插接器CA67和加速踏板线束插接器IP63，测量CA67/99端子与IP63端子1、CA67/123端子与IP63端子5、CA67/112端子与IP63端子6、CA67/100端子与IP63端子2、CA67/124端子与IP63端子3、CA67/111端子与IP63端子4之间的电阻值，标准值均小于1Ω，否则应该更换线束插接器。

3）加速踏板线速插接器对搭铁短路检查，启动开关置于OFF状态，断开蓄电池负极电缆，并等待至少90s以上，断开VCU线束插接器CA67和加速踏板线束插接器IP63，测量IP63端子1、IP63端子2、IP63端子3、IP63端子4、IP63端子5、IP63端子6与车身搭铁之间的电阻，标准值均大于10kΩ或更高，否则应该更换线束插接器。

4）检查加速踏板线束插接器对电源短路。连接电池的负极电缆，启动开关置于ON状态，测量IP63端子1、IP63端子2、IP63端子3、IP63端子4、IP63端子5、IP63端子6与车身接地之间的电压，标准值为10V，否则应该更换线束或插接器。

5）更换加速踏板。若更换加速踏板后故障还不能排除，则需要更换VCU。

### 任务二　制动踏板开关故障检修

⚠ **情景引入**：一辆吉利帝豪EV450纯电动车，客户反映无法上电，经过检测分析怀疑是制动开关的故障，需要对制动开关进行检修。

### 任务分析及实施：

吉利 EV450 制动开关由一个常闭开关和一个常开开关组成，踩下制动踏板，常闭开关打开，常开开关闭合，EV450 制动开关电路图如图 2-25 所示。常闭开关和常开开关分别连接到 VCU 的 CA67/86 和 CA67/96，给 VCU 输入整车减速或制动信号，反映了驾驶员对整车制动性的需求。VCU 根据这制动开关信号对驱动电机实施控制，此外制动开关信号还是 VCU 控制电机控制器 PEU 实施能量回收控制的使能信号。断开 VCU 的 CA67/86 和 CA67/96 端子不影响整车上电控制。

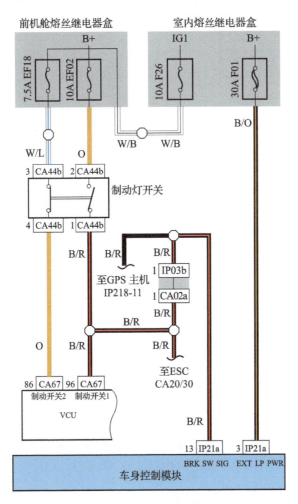

图 2-25 制动开关电路图

制动开关的常开开关还连接到 BCM 的 IP21a/13 和 ESC（电子稳定控制系统）的 CA20/30。制动开关给 BCM 的制动信号用于控制整车上电，没有该信号车辆将出现无法上电的故障。制动开关给 ESC 的制动信号主要用于车身稳定控制，没有该信号则 ABS 故障指示灯点亮。对制动开关进行检测的步骤如下：

1）将启动开关置于 ON 档，连接故障诊断仪，读取故障码，有故障码根据故障码信息进行排查。

2）检查制动开关熔丝 EF02 和 EF18 是否熔断。

3）检查制动开关线路。将启动开关置于 OFF 档，断开蓄电池负极，等待至少 90s，断开制动开关线束插接器 CA44，断开 VCU 线束插接器 CA67。连接蓄电池负极，将启动开关置于 ON 档，测量线束插接器 CA44 端子 2、端子 3 与车身搭铁间电压，应为 11~14V，否则检查 EF02 和 EF18 与制动开关的连接线路电阻，电阻应小于 1Ω；插入制动开关线束插接器 CA44，将启动开关置于 ON 档，测量 VCU 线束插接器 CA67 端子 86 与车身搭铁间电压，应为 11~14V；测量 VCU 线束插接器 CA67 端子 96 与车身搭铁间电压，未踩下制动踏板时 0V，踩下制动踏板时应为 11~14V。

4）检查制动开关与 VCU 之间的线束。将启动开关置于 OFF 档，断开蓄电池负极至少 90s，断开 VCU 线束插接器 CA67 和制动开关线束插接器 CA44，测量 CA67 端子 86 与 CA44 端子 4、CA67 端子 96 与 CA44 端子 1 之间电阻，应小于 1Ω。

5）检查制动开关线束对搭铁短路。将启动开关置于 OFF 档，断开蓄电池负极至少 90s，断开 VCU 线束插接器 CA67 和制动开关线束插接器 CA44，测量 CA44 端子 1 与车身搭铁、CA44 端子 4 与车身搭铁之间电阻，应大于 10kΩ。

6）检查制动开关线束对电源短路。连接蓄电池负极，将启动开关置于 ON 档，测量 CA44 端子 1 与车身搭铁、CA44 端子 4 与车身搭铁之间电压，应为 0V。

### 任务三　档位开关故障检修

> **情景引入**：一辆吉利帝豪 EV450 纯电动车，客户反映无法上电，经过检测分析怀疑是档位开关的故障，需要对档位开关进行检修。

**任务分析及实施：**

吉利 EV450 档位开关信号是 EV450 上电的条件之一，档位开关信号电路图如图 2-26 所示。档位开关是一个电子控制单元，档位开关插接器 IP53b 的端子 1、端子 2 分别通过 IF23、IF08 熔丝连接 IG1 和 B+，给档位开关供电。档位开关信号通过 P-CAN 与 VCU 连接通信；档位开关插接器 IP53b 的端子 3 与 VCU 的插接器 CA66 端子 20 连接，通过硬线输出 P 位信号给 VCU；档位开关插接器 IP53b 的端子 6 与 VCU 的插接器 IP21a 的端子 34 连接，输出档位开关备份信息给 BCM。

档位开关通过 P-CAN 给 VCU 发送档位信息，断开插接器 IP53b 的端子 3 和端子 6 不影响整车上电，但档位开关 P-CAN 通信线故障，车辆出现无法上电故障。对档位开关进行检测，步骤如下：

1）连接故障诊断仪，检测 VCU 是否有档位开关故障码。

2）查看 VCU 数据流，看档位开关信号是否正常。

3）检查蓄电池电压应为 11~14V。

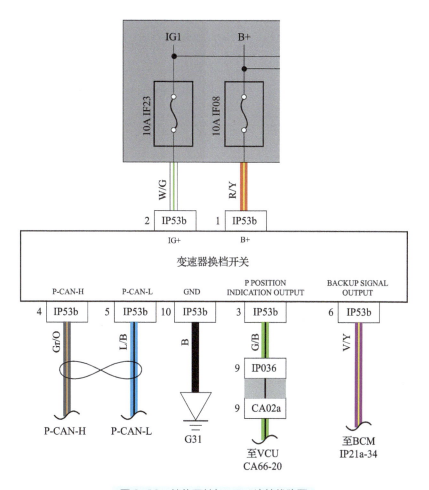

图 2-26 档位开关与 VCU 连接线路图

4）检查熔丝 IF23、IF08 是否熔断。

5）档位开关供电电源检测。将启动开关置于 OFF 档，将蓄电池负极拆下 90s 以上，断开变速杆线束插接器 IP53b，连接蓄电池负极，测量 IP53b 的端子 1 与车身搭铁电压为 11~14V，否则检查 IP53b 的端子 1 与熔丝 IF08 间线路电阻，电阻应小于 1Ω；将启动开关置于 ON 档，测量 IP53b 的端子 2 与车身搭铁电压为 11~14V，否则检查 IP53b 的端子 2 与熔丝 IF23 间线路电阻，电阻应小于 1Ω。

6）检查 VCU 与档位开关间线路。将启动开关置于 OFF 档，将蓄电池负极拆下 90s 以上，断开变速杆线束插接器 IP53b，从 VCU 上断开线束插接器 CA66，测 IP53b/3 与 CA66/20 之间电阻，应小于 1Ω。

7）检查 BCM 与档位开关间线路。断开 BCM 插接器 IP21a，测 IP53b 的端子 6 与 IP21a 端子 34 之间电阻，应小于 1Ω。

8）检查档位开关搭铁。测量测 IP53b 的端子 10 与搭铁之间电阻，电阻应小于 1Ω。

9）检测档位开关 P-CAN 与 VCU 的 P-CAN 线路应导通，电阻应小于 1Ω。

## 复习题

### 1. 填空题

（1）请说出以下各电气系统简称所代表的含义。

| 简称 | 含义 |
| --- | --- |
| VCU |  |
| ICM |  |
| RMS |  |
| DC/DC |  |
| BMS |  |
| PTC |  |
| ECC |  |
| MCU |  |
| EPS |  |
| CHG |  |

（2）滑动触点传感器是典型的_____式加速踏板位置传感器，两个滑动触点传感器安装在_____，滑动触点传感器的电阻和传送至整车控制器的_____随着加速踏板位置的变化而变化。

### 2. 多项选择题

（1）以下是整车控制器功能的是（　　）。

  A. 控制车辆行驶　　　　　　　　B. 整车的网络化管理

  C. 故障诊断预处理　　　　　　　D. 制动能量回馈控制

（2）整车控制器接收的传感器信号有（　　）。

  A. 制动踏板传感器信号　　　　　B. 加速踏板传感器信号

  C. 档位开关信号　　　　　　　　D. 钥匙信号

### 3. 简答题

（1）简述整车控制器驱动控制的原理。

（2）为什么加速踏板位置传感器要使用两个电阻特性不同的信号进行检测？

（3）画图说明制动开关的工作原理。

（4）VCU是如何通过档位开关的电压信号识别目前的档位的？

# 项目三　整车控制系统执行器检修

新能源汽车整车控制系统检修

## 项目导入

假如你是吉利新能源汽车 4S 店的一名车辆维修人员，某待维修车辆出现电机冷却液温度过高、蓄电池电压过低的故障，请你对这些故障进行排查和修复。

## 教学目标

**知识目标：**

1）掌握驱动电机冷却系统的组成与工作原理。
2）掌握 DC/DC 变换器的作用及工作原理。

**能力目标：**

1）能够根据故障现象，对电机冷却水泵控制电路进行检测。
2）能够根据故障现象，对 DC/DC 控制电路进行检测。

**素质目标：**

1）严格执行汽车执行器检修规范，养成科学严谨的工作态度。
2）培养团结协作精神。
3）严格执行 6S 标准。

## 一 整车控制器的输出信号

整车控制器的输出主要由相应执行器和控制线路组成（图3-1）。控制线路连接了整车控制器和相关的执行器，能够传输由整车控制器发出的用于控制相关执行器的控制信号。执行器是指电动汽车上进行相关动作和操作以完成某种功能的机构，电动汽车上结构相对简单的系统一般接受整车控制器直接控制，如冷却水泵、真空泵（制动）、空调压缩机等。一些比较复杂的子系统有自己的控制器，如电机控制器、BMS等，这些控制器能够独立控制该子系统的执行器进行工作。除进行相关执行器的控制外，整车控制器还需要完成整车工作模式的判定和各子系统功能的协调动作，即在特定工作模式下控制相关的子系统进行工作。

控制器的输出信号通常有唤醒信号、开关信号及具体带参数的控制信号。一般子系统控制器的输出信号以开关信号和带参数信号为主，如电机控制器发出的电机转速、转矩输出信号；整车控制器的输出信号主要以唤醒信号（触发信号）和开关控制信号为主，唤醒信号用于子系统功能唤醒，开关信号用于执行器动作控制。

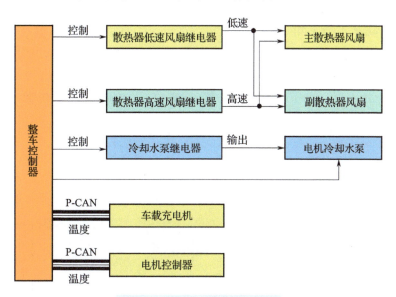

图3-1 整车控制器的输出信号

如图3-1所示，整车控制器除了通过CAN总线进行整车协调控制以外，还直接控制冷却风扇运转、水泵运转等。吉利EV450的DC/DC变换器与电机控制器集成在一个控制箱中，VCU对蓄电池进行充电控制则需要通过PEU中的DC/DC变换器将高压直流端的高压转换成指定的直流低压（12V低压系统），低压设定值来自整车控制器指令。

## 二 冷却水泵控制的工作原理

### 1. 冷却系统的组成与工作原理

在纯电动汽车中,电能转换成为汽车的动能会产生大量的热能,这部分热能如果不及时加以控制,将导致相关的零部件过热,影响电动汽车的正常工作。纯电动汽车中产生高热的总成件有驱动电机、车载充电机、电机控制器、动力电池等。

驱动电机转子高速旋转会产生高温,热量通过机体传递,如果不加以降温,驱动电机将无法正常工作。在驱动电机机体内设置有冷却液道,通过冷却液的循环与外界进行热交换。这样能将驱动电机的工作温度保持在一定范围内,防止驱动电机过热。

车载充电机工作时将高压交流电转换成高压直流电,其转化过程中会产生大量的热量,因此车载充电机内部也有冷却液道,通过冷却液的循环降低车载充电机的工作温度。

电机控制器不但控制驱动电机的三相高压供电,还要将动力电池的高压直流电变换成低压直流电为低压蓄电池充电。在此过程中会产生热量,需要通过冷却液循环散热。

高压电池工作电流大,产热量大,同时电池包处于一个相对封闭的环境,就会导致电池的温度上升,通过冷却液的循环降低动力电池的工作温度。

因此,电动汽车的冷却系统主要分成两部分:一是对动力系统的驱动电机、电机控制器(PEU)等部件进行冷却;二是对供电部分的动力电池进行冷却。电动汽车冷却系统的功用与传统汽车基本一致,但由于电动汽车的结构与原理跟传统的内燃机汽车有区别,导致散热源和散热方式有所不同。

电动汽车冷却系统的功用:将电机、电机控制器等产生的热量及时散发出去,保证它们在规定的温度范围内稳定高效的工作。如图3-2所示,吉利EV450冷却系统由冷却水泵(驱动电机冷却水泵、高压电池冷却水泵)、散热器、散热风扇、膨胀罐、热管理控制

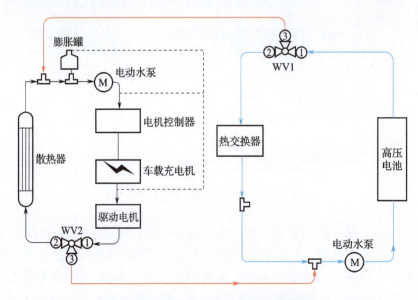

图3-2 吉利EV450冷却系统工作原理图

模块、电机控制器冷却管路、车载充电机冷却管路（如配备）、整车控制器冷却管路、高压电池冷却管路等组成。

它的工作原理是：冷却系统（吉利EV450有电机/电池两个电动水泵）的电动水泵由低压电路驱动，为冷却液的循环提供压力。在电机水泵的驱动下冷却液在管路中的冷却液流向如图3-3所示。

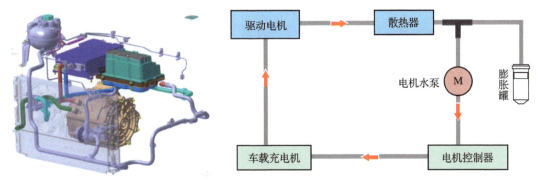

图3-3 冷却液的流向

### 2. 电动水泵及控制

电动水泵的作用是使冷却液不断地获得能量，使其在电机冷却系统流道内循环流动。同时在散热器、散热风扇等部件的配合工作下，实现大小循环，调节冷却液的温度在一定的范围之内，保证电机的正常工作。由于电动汽车和传统车有着一定的区别，水泵的驱动方式由机械传动变为电机驱动。电动水泵通常选用叶片式水泵（简称叶片泵），叶片式水泵是靠装

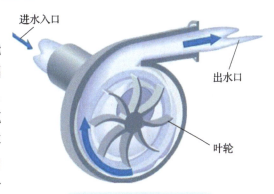

图3-4 离心泵结构示意图

在主轴上的叶轮旋转来工作的，使液体流动并产生一定的动能和压力能。如图3-4所示，进水口的冷却液在叶轮高速旋转时获得能量，进入水泵蜗壳的积水室和出水口，同时在叶轮中心部位形成低压区，冷却液便不断地补给进来，形成连续的吸入和排出过程。冷却液轴向流入，然后转90°进入叶轮流道并径向流出。采用非金属叶轮来获得泵送稀薄液体时的优异性能，在电动汽车上比较常用。

吉利EV450的电动水泵选用叶片泵，其参数见表3-1。

表3-1 EV450冷却水泵的参数

| 电机冷却水泵 | | 电池冷却水泵 | |
| --- | --- | --- | --- |
| 项目 | 参数 | 项目 | 参数 |
| 工作电压范围 | 8~16.5V | 工作电压范围 | 8~16.5V |
| 流量（10kPa水压） | 1100L/h | 流量（10kPa水压） | 1100L/h |
| 流量（14kPa水压） | 900L/h | 流量（14kPa水压） | 900L/h |

|  电机冷却水泵  ||  电池冷却水泵  ||
|---|---|---|---|
| 项目 | 参数 | 项目 | 参数 |
| 流量（20kPa 水压） | 600L/h | 流量（20kPa 水压） | 600L/h |
| 环境温度 | −40~135℃ | 环境温度 | −40~135℃ |
| 调速方式 | PWM/LIN 信号 | — | |

冷却水泵的控制原理如图 3-5 所示，水泵与散热风扇均由整车控制器控制，电源供给均为低压蓄电池。整车控制器通过控制水泵继电器使水泵运行或关闭，水泵根据整车热源（电机、电机控制器、充电机）温度进行控制。当电机冷却液温度处于较低温度时，电机水泵不工作。温度上升时，电机水泵开始工作，电机水泵的工作温度不超过 75℃，最合适的温度应该低于 65℃。整车控制器通过控制高速风扇（副风扇）继电器或者低速风扇（主风扇）继电器的主风扇、副风扇的开启或者关闭。

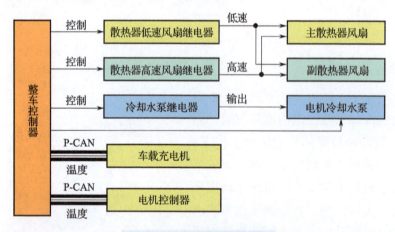

图 3-5　冷却水泵的控制原理

由于散热风扇同时给冷凝器、散热器提供冷却，散热风扇运行策略除了受整车热源控制外，还受空调压力的控制，控制运转的原则是两者择高不择低。

### 3. 膨胀罐总成

膨胀罐总成是一个透明塑料罐，类似于风窗玻璃清洗剂罐，如图 3-6 所示。膨胀罐总成通过水管与散热器连接。随着冷却液的温度逐渐升高并膨胀，部分冷却液因膨胀而从车载充电器中流入膨胀罐总成。散热器和液道中滞留的空气也被排入膨胀罐总成。车辆停止后，冷却液自动冷却并收缩，先前排出的冷却液则被吸回散热器口，从而使散热器中的冷却液一直保持在合适的液面，并提高冷却效率。当冷却系统处于冷态时，冷却液面应保持在膨胀罐总成上的 L（最低）和 F（最高）标记之间。

### 4. 散热风扇总成

散热风扇总成安装在机舱内散热器的后部，如图 3-7 所示，它可增加散热器和空调冷凝器的通风量，从而有助于加快车辆低速行驶时的散热速度。风扇采用双风扇，高低速的控制模式，通过两个不同的电机驱动扇叶。如图3-8所示，散热风扇由整车控制模块（VCU）利用散热风扇低速继电器和散热风扇高速继电器直接控制，在低速电路中，采用串联调速电阻的方式来改变风扇的转速。

图3-6 吉利EV450膨胀罐总成

图3-7 吉利EV450散热风扇总成

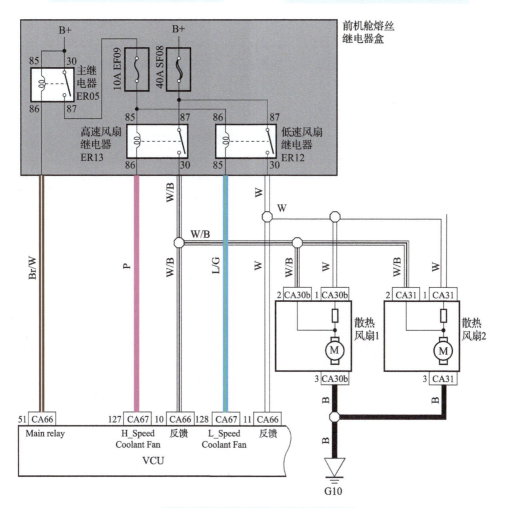

图3-8 EV450散热风扇的控制电路

## 三 DC/DC 变换器控制的工作原理

电动汽车电子设备系统内包含许多作用不同的功能模块，每个功能模块对电源的要求不尽相同。各部分所需的功率、电压、电流、安全可靠性和电磁兼容性等指标也不相同。为了满足这些要求，电动汽车常使用 DC/DC 变换器。DC/DC 变换器的作用就是取代了传统燃油汽车中的发电机。

### 1. 功用及安装位置

1）变压作用。DC/DC 变换器对动力电池的输出电压进行变换后再提供给车上低压用电设备。电动汽车转向助力电机、制动系统电机以及车身电气包括灯光、仪表、信号、风扇电机等需要 12V 直流电；高压系统的控制部分也要用到 12V 直流电源。因此，汽车必须配备 12V 蓄电池，必须有为 12V 蓄电池充电的系统，以便把动力电池包提供的 320V 以上的直流电，变换为 12V 低压电。

2）保护作用。DC/DC 变换器具有欠电压保护、过电压保护、过电流保护、过热保护和防反接等功能。当 DC/DC 变换器内部出现短路等故障使电压瞬间降低，电流快速增大，防止设备因为过载而烧毁。在 DC/DC 变换器的高、低压线束接口设计上，都设计了不同接口的防反接保护装置，防止因为电路短接烧毁电子器件，图 3-9 所示为几款电动汽车 DC/DC 变换器的安装位置。

a）北汽 EV160DC/DC 变换器

b）吉利 EV450 PEU 位置

图 3-9 DC/DC 变换器的安装位置

3）实现不同电源之间的特性匹配。例如，可利用 DC/DC 变换器实现动力电池与低压蓄电池之间的特性匹配。

4）为低压蓄电池充电。在电动汽车中，需要高压电源通过 DC/DC 变换器降压后给低压蓄电池充电。

DC/DC 变换器安装于前机舱，位置如图 3-9a 所示。目前，较多的车型将 DC/DC 变换器与电机驱动系统集成在一起装在一个集成箱子中，称为 PEU，如图 3-9b 所示的吉利 EV450 的 PEU。还有的车型，将 DC/DC 变换器与其他控制器集成在一起，便于布置与简化控制线路，如比亚迪 E6 的 DC/DC 变换器与空调控制器集成在一起，如图 3-10 所示。

## 2. DC/DC 变换器的构造

DC/DC 变换器主要由逆变器、变压器、整流器等组成。

（1）逆变器

逆变器主要是四个二极管及绝缘栅型晶体管组成。通过电路板控制绝缘栅型晶体管（IGBT）的导通与截止，其作用是将动力电池的高压直流电转换为高压交流电，如图 3-11 所示。

图 3-10　比亚迪 E6 的 DC/DC 变换器与空调控制器集成在一起

图 3-11　逆变器

（2）变压器

变压器由一次绕组和二次绕组组成，通过一次绕组和二次绕组的匝数的不同可以输出不同的目标电压，如图 3-12 所示。

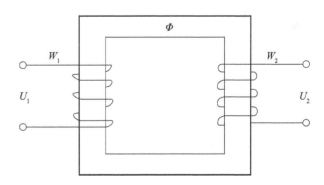

图 3-12　变压器

（3）整流器

整流器主要由二极管组成，如图 3-13 所示，使用六个晶体管，但是只应用其中的两个极，等同于二极管，每三个晶体管并联在一起，增加了电流流通能力。

### 3. DC/DC 变换器的工作原理

DC/DC 变换器把高压直流电变换为低压直流电，其内部必须依靠逆变器把高压直流电逆变为高压交流电，然后再经过变压器转换为 14V 的交流低压电，在经过二极管整流，最后经过滤波电路滤波整形，形成一个趋于平稳的 14V 直流电压输出，如图 3-14 所示。

图 3-13　整流器

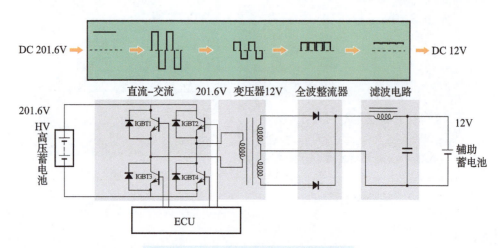

图 3-14　DC/DC 变换器工作原理示意图

高压上电前，低压电路系统需要 12V 辅助蓄电池供电，当高压上电后，动力电池的高压电输给电机控制器（DC/DC 变换器），电机控制器通过直流转交流，再进行变压，把 201.6V 的高压交流电降成 12V 的低压交流电，在通过整流、滤波后，转换成低压直流电给 12V 辅助蓄电池充电。

当电动汽车长期停放时，容易造成低压蓄电池亏电，将会导致车辆无法启动上电，为避免这一问题，吉利 EV450 具有智能充电功能。车辆停放过程中整车控制器（VCU）将持续对低压蓄电池电压进行监控，当电压低于设定值时，整车控制器将唤醒 BMS，同时通过电机控制器给低压蓄电池进行充电，防止低压蓄电池亏电，如图 3-15 所示。

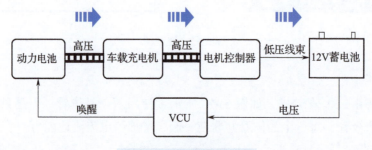

图 3-15　智能充电示意图

## 四 项目实施

### 实施准备

安全防护：做好车辆安全防护与隔离（车辆挡块、警示隔离带、高压危险警示牌）
个人防护：绝缘鞋、绝缘帽、绝缘手套、护目镜
工具设备：数字万用表、解码器、放电工装
实训车辆：吉利 EV450
辅助资料：翼子板护垫三件套、汽车内饰护套

### 任务一　冷却水泵控制电路故障检修

⚠ **情景引入**：一辆吉利 EV450 汽车行驶几百米后，驱动电机功率限制灯和驱动电机过热灯亮，动力不足。经过维修技师检测，输出故障码为"P1C1352-电机水泵继电器故障"，判断为电机冷却水泵不工作导致，需要对电机冷却水泵控制电路进行检修。

驱动电机水泵故障检修

#### 1. 吉利 EV450 电机冷却水泵控制电路分析

电机水泵工作是由整车控制器 VCU 控制，如图 3-16 所示，该控制电路由三部分组成：前机舱熔丝继电器电路、VCU 控制电路及水泵电路。

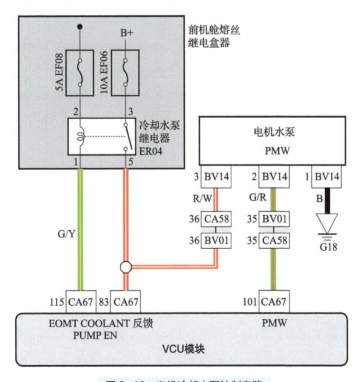

图 3-16　电机冷却水泵控制电路

（1）前机舱熔丝继电器电路

继电器控制电路包括主继电器 ER05、熔丝 EF08 与 EF06、冷却继电器 ER04。VCU 通过 CA66/51（电源控制）、CA67/115（水泵控制信号）、CA67/83（反馈）对主继电器、水泵继电器进行控制。

（2）VCU 控制电路

VCU 接受整车的信息对主继电器 ER05、冷却继电器 ER04、冷却水泵实施控制。其中冷却水泵控制通过冷却继电器 ER04 实施开关控制，通过 BV14/2 电机水泵调速控制线（PWM 信号）实施转速控制。

（3）水泵电路

水泵电路包括：BV14/1（电机水泵搭铁线）、BV14/2（电机水泵调速控制线 PWM 信号）、BV14/3（电机水泵电源线路）。

（4）工作过程

当汽车启动时，整车控制器 VCU 通过 CA67/115 控制冷却水泵继电器 ER04 的端子 3 与端子 5 导通，电流从 B+ 经过端子 3 与端子 5，通过电机冷却水泵后经 BV14/1 搭铁构成回路。VCU 对驱动电机冷却系统温度监控，VCU 的 CA67/101 与 BV14/2 提供水泵调速控制信号（PWM 信号），对冷却水泵进行调速控制，通过 PWM 信号调节电机水泵流量。

### 2. 电机冷却水泵电路检修

启动开关置于 ON 状态，连接故障诊断仪，读取系统故障码，使用故障诊断仪读取故障码，确认系统是否存在故障码，若存在，优先按故障码进行检修。

1）检查电机冷却水泵继电器 ER04。检查电机冷却水泵继电器 ER04 是否损坏。

2）检查电机冷却水泵继电器 ER04 线路。启动开关置于 OFF 状态，断开蓄电池负极，拔出冷却水泵继电器 ER04，按表 3-2 进行检测。

表 3-2 冷却水泵继电器检测参数

| 测量位置 | 测量标准值 | 检测目的 |
| --- | --- | --- |
| 继电器 1 号与 2 号 | 80～120Ω | 检查继电器线圈是否正常 |
| 继电器 3 号与 5 号 | ∞ | 检查继电器常开触点正常 |
| 继电器 1 号与 2 号接上工作电压，测量 3 号与 5 号是否导通 | <1Ω | 检测继电器触点工作是否正常 |

3）检查电机水泵继电器控制信号线路。启动开关置于 OFF 状态，断开蓄电池负极电缆，并等待至少 90s 以上。断开 VCU 线束插接器 CA67，如图 3-17 所示。启动开关置于 ON 状态，测量 VCU 线束插接器 CA67 端子 115 与车身搭铁之间的电压值，电压标准值：

11~14 V，确认电压是否符合标准值。如果不符合，应该更换线束或插接器。

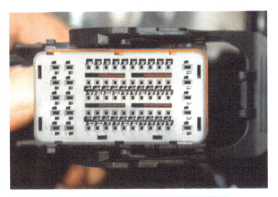

图 3-17　CA67 VCU 线束插接器

4）检查 VCU 线束插接器（端子电压）。启动开关置于 OFF 状态，断开 VCU 线束插接器 CA66，启动开关置于 ON 状态，测量 VCU 线束插接器 CA66/12、CA66/50 对车身搭铁的电压，如图 3-18 所示。电压标准值：11~14 V，确认电压是否符合标准值。如果不符合，应该更换线束或插接器。

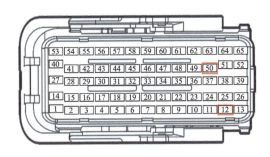 

图 3-18　CA66 VCU 线束插接器

5）检查 VCU 线束插接器（搭铁端子导通性）。启动开关置于 OFF 档，测量 VCU 线束插接器 CA67 端子 1、2、26、54 与车身搭铁之间的电阻值。电阻标准值：小于 1Ω，确认电阻是否符合标准值，如果不符合，应该更换或线束。

6）更换 VCU。启动开关置于 OFF 状态，断开蓄电池负极电缆。更换 VCU，确认故障排除。

## 任务二　DC/DC 变换器控制电路故障检修

**情景引入**：一辆吉利 EV450 汽车，仪表显示蓄电池故障与系统故障灯亮起，动力不足。经过维修技师检测，输出故障码为"P1C4711-DC/DC 执行启动命令超时"，判断为 DC/DC 变换器控制电路故障，需要对 DC/DC 变换器控制电路进行检修。

## 1. EV450 DC/DC 变换器控制电路分析

DC/DC 变换器控制电路由三部分组成：前机舱熔丝继电器盒电路、VCU 电路、电机控制器电路，如图 3-19 所示。

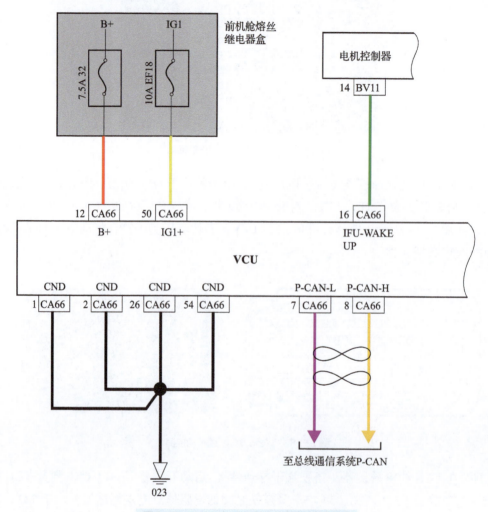

图 3-19　VCU 与 DC/DC 变换器控制电路

1）前机舱熔丝继电器盒电路。前机舱熔丝继电器盒电路有熔丝 EF29、EF19，负责向 VCU 提供 12V 电源。

2）VCU 电路。VCU 电路包括 CA66/1、CA66/2、CA66/26、CA66/54 搭铁电路，通信信号 CA66/7、CA66/8，控制信号 CA66/16 至电机控制器。

3）电机控制器电路。通过 CA66/16 将控制信号发到电机控制器 BV11/14，电机控制器接受到 VCU 的信号后，执行智能充电、上电、下电等动作。电机控制器的控制电路如图 3-20 所示。

其中 BV11/1、BV11/11、BV11/20、BV11/21、BV11/25、BV11/26、BV12/1 均属于电机控制器控制电路，其含义见表 3-3。

# 项目三 整车控制系统执行器检修

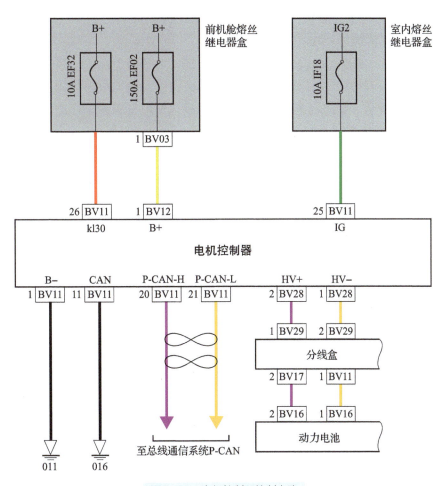

图 3-20 电机控制器控制电路

表 3-3 电机控制器控制电路端子名称及含义

| 端子 | 颜色 | 端子定义 | 对接线束 |
| --- | --- | --- | --- |
| BV11/1 | Br | Interlock input | 整车互锁线束输入 |
| BV11/11 | B | 搭铁 | |
| BV11/20 | Gr/O | Communication CAN high | 整车动力 CANL |
| BV11/21 | L/B | Communication CAN low | 整车动力 CANH |
| BV11/25 | G/Y | KL15 | 整车 key on |
| BV11/26 | R/L | KL30 | 整车 12V 常电 |
| BV12/1 | R | 电源线 | DC/DC 变换器电源线 |

## 2. EV450 DC/DC 变换器控制电路检修

1）使用故障诊断仪读取故障码。

启动开关置于 ON 状态，连接故障诊断仪，读取系统故障码，使用故障诊断仪读取故障码，确认系统是否存在故障码，若存在，优先按故障码进行检修。

2）检查电机控制器与 VCU 之间的线束。

启动开关置于 OFF 档，断开蓄电池的负极电缆，并等待至少 90s 以上。断开 VCU 线束插接器 CA66，断开电机控制器线线束插接器 BV11，测量 CA66/16 与 BV11/14 之间的电阻，如图 3-21 所示。电阻标准值：小于 1Ω，确认电阻是否符合标准值，如果不符合，应该更换或线束或插接器。

图 3-21　CA66、BV11 线束插接器检查

3）检查 VCU 线束插接器（端子电压）。启动开关置于 OFF 状态，断开 VCU 线束插接器 CA66，启动开关置于 ON 状态，测量 VCU 线束插接器 CA66/12、CA66/50 对车身搭铁的电压。电压标准值：11～14V，确认电压是否符合标准值，如果不符合，应该更换线束或插接器。

4）检查 VCU 线束插接器（搭铁端子导通性）。启动开关置于 OFF 档，测量 VCU 线束插接器 CA67 端子 1、2、26、54 与车身搭铁之间的电阻值。电阻标准值：小于 1Ω，确认电阻是否符合标准值，如果不符合，应该更换或线束。

5）更换 VCU。启动开关置于 OFF 状态，断开蓄电池负极电缆，更换 VCU，确认故障排除。

## 复习题

1. 判断题

（1）电动水泵的作用是冷却液循环的动力元件，对冷却液加压，促使冷却液在冷却系统中循环，带走系统散发的热量。（　　）

（2）冷却水泵工作条件：只要启动 REDAY 档，冷却水泵就工作。（　　）

（3）DC/DC 变换器需要将动力电池电压，逆变、变压、整流、滤波转变为 14V 直流电。（　　）

## 2. 选择题

（1）驱动电机与控制器冷却系统工作不良时，可能的原因有（　　）。
  A. 冷却液少　　　　　　　　　　B. 电动水泵工作良
  C. 散热器工作不良　　　　　　　D. 散热风扇工作不良

（2）电机系统过热可能的原因有（　　）。
  A. 水泵故障　　　　　　　　　　B. 散热风扇故障
  C. 冷却液过少　　　　　　　　　D. 冷却系统内部堵塞

（3）吉利帝豪 EV450 电机与控制器冷却系统由（　　）提供动力，低温冷却液通过管路由散热器流向待散热元件（电机控制器、DC/DC 变换器、电机），冷却液在待散热元件处吸收热量后，再通过冷却管路流经散热器进行散热，之后进行下一个循环。
  A. 电动风扇　　　B. 油泵　　　C. 电动水泵　　　D. 驱动电机

（4）下列选项是膨胀罐盖主要功能的有（　　）。
  A. 密封水冷系统
  B. 调高冷却系统的运行压力，增加冷却液沸点
  C. 减少冷却液外溢及蒸发损失
  D. 检查冷却液的液面高度

（5）低压电池电压正常，但是低压充电指示灯亮的故障原因有（　　）。
  A. 故障指示灯线路对搭铁短路　　　B. 车辆模块自身故障
  C. DC/DC 变换器自身故障　　　　　D. 仪表自身故障

## 3. 任务实施考核

| 作业内容 | 评分要点（各竞赛环节漏项或累计最多扣相应配分） | 配分 | 扣分 | 判罚依据 |
|---|---|---|---|---|
| 人物安全 | □ 未按实训要求着装的扣 10 分<br>□ 举升车辆或上电未有效警示他人的每次扣 10 分<br>□ 可能构成设备损坏或人身伤害的操作每次扣 10 分 | 10 | | |
| 设备使用 | □ 未检查绝缘手套密封性的扣 10 分<br>□ 未检查工具、仪器外观损伤的扣 10 分<br>□ 使用万用表前未进行电阻校准的扣 10 分<br>□ 未检查数字万用表的电阻量程（校零）的扣 10 分<br>□ 未检查耐磨手套、护目镜、安全帽外观损伤的扣 10 分<br>□ 工具仪器使用不合理、跌落或未合理归位的每次扣 10 分 | 20 | | |
| 团队协作 | □ 出现两条作业主线的每次扣 1 分<br>□ 小组内部缺乏交流的每次扣 1 分<br>□ 小组分工不明、配合混乱的每次扣 1 分 | 20 | | |
| 作业要求 | □ 故障判断遗漏的，每个故障点扣 10 分<br>□ 未同步记录作业过程的每次扣 10 分<br>□ 记录数据与测量数据不符的每次扣 10 分<br>□ 使用万用表、示波器前未断电被老师制止的每次扣 10 分 | 40 | | |

（续）

| 作业内容 | 评分要点（各竞赛环节漏项或累计最多扣相应配分） | 配分 | 扣分 | 判罚依据 |
|---|---|---|---|---|
| 现场恢复 | □ 未关闭驾驶员侧车窗的扣10分<br>□ 未拆卸翼子板布、格栅布的扣10分<br>□ 未拆卸车内四件套并丢弃到垃圾桶的扣10分<br>□ 未移除高压警示标识等到指定位置的扣10分<br>□ 未恢复工位到原标准工位布置状态的扣10分<br>□ 未将钥匙、诊断报告放至指定位置的扣1分 | 10 | | |
| 追加处罚 | □ 未执行高压作业断电流程被裁判制止的每次扣30分<br>□ 断电时未有效佩戴绝缘手套、护目镜的每次扣30分<br>□ 断电前未关闭启动开关、未妥善保管智能钥匙的每次扣30分<br>□ 断电前未断开辅助蓄电池负极、未做安全防护的每次扣30分<br>□ 断电未正确拔下直流母线插头、未做安全防护的每次扣30分<br>□ 未按正确安全操作程序，损伤、损毁车辆或竞赛设备，视情节扣50分，造成特别严重安全事故的终止比赛，成绩记0分<br>□ 未按正确安全操作程序，造成人员伤害，视情节扣20~50分，造成特别严重安全事故的终止比赛，成绩记0分<br>说明：追加处罚不配分只扣分，至职业素养和操作规范扣完为止。 | | | |

# 项目四　中央集控器通信故障检修

新能源汽车整车
控制系统检修

## ▶ 项目导入

一辆行驶里程约 6 万 km 的吉利帝豪 EV450，客户赵先生反映该车无法启动，要求检修。经过维修师傅检测，认定为低压系统无法上电，已经排查了蓄电池与防盗系统，需要对中央集控器（BCM）进行检修。

## ▶ 教学目标

### 知识目标：

1）掌握汽车通信系统的基本概念，包括车载网络、局域网、模块、节点等。
2）掌握 CAN 系统的基本结构与原理。
3）掌握 LIN 系统的基本原理。

### 能力目标：

1）能对新能源汽车的 BCM 电源故障进行分析、诊断。
2）能对新能源汽车的 BCM 通信故障进行分析、诊断。

### 素质目标：

1）严格执行汽车 BCM 的检修规范，养成科学严谨的工作态度。
2）培养团结协作精神。
3）严格执行 6S 标准。

背景知识

## 一 汽车网络的通信协议

### 1. 车载网络系统

车载网络系统是指汽车上多个电控系统的控制单元之间相互连接、协调工作并共享信息构成的汽车车载计算机网络系统。

我们经常说到的计算机网络,简单来说,就是分布在不同地点、具有独立功能的多个计算机系统通过通信设备和线路连接起来,在软件和协议管理下进行信息交换,实现资源共享和协同工作。将其引申到车载网络,则是指分布在车辆的不同位置、各自独立的多个电控系统,通过数据总线和网关服务器连接在一起,通过规定的通信协议实现信息共享、共同工作和复杂功能。

图4-1所示就是一个典型的车载网络系统,它将汽车上的各个电控系统的控制单元用数据总线(等同于网线)连接成了一个网络,从而实现信息共享、减少布线、降低成本以及提高总体可靠性的目的。

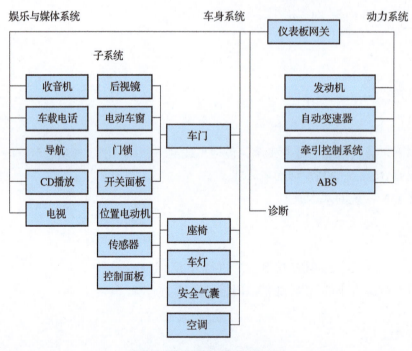

图4-1 典型的车载网络系统

### 2. 局域网

局域网(Local Area Network,LAN)是指在某一区域内由多台计算机互联成的计算机组或网络。一般这个区域具有特定的职能,通过这个网络实现这个系统内的资源共享和信息通信，如可以实现文件管理、应用软件共享、打印机共享、工作组内的日程安排、电子邮件和传真通信服务等功能。连接到网络上的可以是计算机、基于微处理器（CPU）的应用系统或智能装置。局域网是封闭型的，可以由办公室内的两台计算机组成，也可以由一个公司内的上千台计算机组成。

汽车上许多控制单元（ECU）和数据总线距离很近，为了实现信息共享而把多条数据总线连在一起，或者把数据总线和控制单元当作一个系统，形成网络，符合上述局域网的特征，因此被称为汽车上的局域网（LAN）。图4-2所示为典型汽车的局域网，该轿车的几条数据总线间共有29块相互交换信息的控制单元，几条数据总线连接29个控制单元（模块），总线又连接到局域网上，构成整个车载网络。

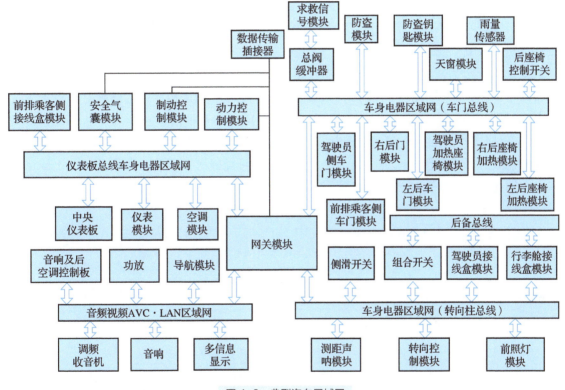

图 4-2 典型汽车局域网

### 3. 模块与节点

模块又称构件，是能够单独命名并独立完成一定功能的程序语句的集合（即程序代码和数据结构的集合），可以将模块理解为一种具有独立工作和通信能力的电子装置，简单的如温度传感器，复杂的如计算机（微处理器或控制单元）。在计算机多路传输系统中，一些简单的模块被称为节点。车载网络就是把单个、分散的控制单元（模块）变成网络节点，以数据总线为纽带，把它们连接成可以相互沟通信息、共同完成自控任务的网络系统与控制系统，如图4-3所示。

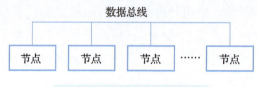

图 4-3　组成网络的系统节点

### 4. 多路传输

多路传输是指在车载网络系统中,将多种信息混合或交叉通过一条通信信道传输的方式。事实上由大量数字信号组成的信息是依次传输的,但速度非常快,似乎就是同时传输的。对一个人来说,0.1s 算是非常快了,但即使对一台运算速度相对较慢的计算机来说,0.1s 也是很长的时间。如果将 0.1s 分成许多微小的片段,每个片段传输其中一个数字信号,就可实现在一条通信信道上传输多个数字信号,这就是分时多路传输。常见的车载网络系统是单线或双线分时多路传输系统。

图 4-4 所示为常规线路与多路传输线路的区别。采用常规线路控制灯光、电动机、加热器和电磁阀,需要四条直接受开关控制的较长供电线。而采用多路传输线路,可先通过一个 ECU 接收开关控制信息,然后通过一个通信信道将四种信息发给另一个 ECU,另一个 ECU 根据接收的信息来控制上述电器。值得注意的是,多路传输系统 ECU 之间所用导线比常规线路系统所用导线少得多。由于多路传输可以通过一根线(数据总线)执行多个指令,因此,可以增加许多功能装置。

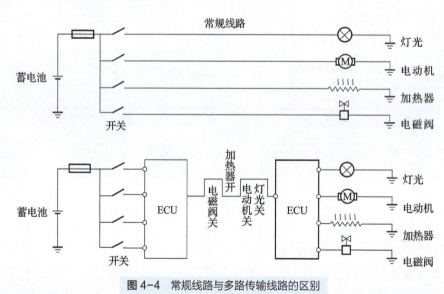

图 4-4　常规线路与多路传输线路的区别

### 5. 数据总线

汽车上的电控系统彼此之间的关系越来越密切,它们之间的信息交流也变得越来越必要。为了传输信息,人们采用了数据总线(Multi-plexing)作为沟通交流的载体,并对这些信息交流进行管理。数据总线是电控系统模块间运行数据的通道,即所谓的"信息高速公路"。

数据总线可以实现在一条数据线上传递的信号被多个电控系统共享，从而最大限度地提高整体效率，例如，常见的计算机键盘有 104 个键，可以发出 100 多个不同的指令，但键盘与主机之间的数据连线却只有 7 根，键盘正是依靠这 7 根数据连线上不同的电平组合（编码）来传递信号的。如果把这种方式应用在汽车电控系统上，就可以大大简化目前的汽车电路。可以通过不同的编码信号来表示不同的动作与含义，信号解码后，根据指令接通或断开对前照灯、刮水器、电动座椅等用电设备的通路。这样就能大大减少了汽车上导线的长度与数目，缩小了线束的直径。如果系统可以发送和接收数据，则这样的数据总线就称为双向数据总线。

车载网络数据总线通常是一条数据线或两条数据线。两线式的其中一条数据线不是用作额外的通道。它的作用有点像公路的路肩，上面立有交通标志和信号灯。一旦数据通道出了故障，"路肩"在有些数据总线中被用来承载"交通"，或者令数据换向通过一条或两条数据总线中未发出故障的部分。为了屏蔽电磁干扰，双线制数据总线的两条线是绞在一起的。

各汽车制造商一直在设计各自的数据总线，如果不兼容，就称为专用数据总线。如果是按照某种国际标准设计的，就是非专用的。为使不同厂家生产的零部件能在同一辆汽车上协调工作，必须制定标准。按照 ISO 有关标准，CAN 的拓扑结构为总线式，因此也称为 CAN 总线（CAN-BUS）。

高速数据总线及网络容易产生电噪声（电磁干扰），这种电噪声会导致数据传输出错。数据总线有多种检错方法，如检测一段特定数据的长度。如果出错，数据将重新传输，这就会导致各系统的运行速度减慢。解决的方法如下：①使用价格高、功能更强大、结构更复杂的模块；②采用双绞线数据总线，它的数据传递是基于两条总线的电压差，可以有效抑制共模干扰信号，使传输效率大大提高。

### 6. 主总线系统和子总线系统

原则上把数据总线系统分为两类，即主总线系统和子总线系统。主总线系统负责跨系统的数据交换；子总线系统负责系统内的数据交换。这些系统用于交换特定系统内数据量相对较少的数据。以宝马汽车为例，包括 CAN、K-CAN、F-CAN、PT-CAN、BSD、DWA 总线和 LIN，见表 4-1。其主总线系统有 K 总线（也称 I 总线）、D 总线、CAN、byteflight、MOST 等；子总线系统有 K 总线等，见表 4-2。

表 4-1 宝马主总线系统

| 主总线系统 | 数据传输率 | 总线结构 |
| --- | --- | --- |
| K 总线 | 9.6kbit/s | 线性，单线 |
| D 总线 | 10.5~115kbit/s | 线性，单线 |
| CAN | 100kbit/s | 线性，双线 |

（续）

| 主总线系统 | 数据传输率 | 总线结构 |
| --- | --- | --- |
| K-CAN | 100kbit/s | 线性，双线 |
| F-CAN | 100kbit/s | 线性，双线 |
| PT-CAN | 500kbit/s | 线性，双线 |
| byteflight | 10Mbit/s | 星形，光缆 |
| MOST | 22.5Mbit/s | 环形，光缆 |

表 4-2　宝马子总线系统

| 子总线系统 | 数据传输率 | 总线结构 |
| --- | --- | --- |
| K 总线 | 9.6kbit/s | 线性，单线 |
| BSD | 9.6kbit/s | 线性，单线 |
| DWA 总线 | 9.6kbit/s | 线性，单线 |
| LIN | 9.6~19.2kbit/s | 线性，单线 |

### 7. 通信协议

人们的生活中有很多协议，如劳动保障协议、国际贸易公平协议、土地使用协议等。协议（Protocol）是指两个或两个以上实体为了开展某项活动，经过协商后达成的一致意见。

网络是由许多具有信息交换和处理能力的节点互联而成的，要使整个网络有条不紊地工作，就要求每个节点必须遵守一些事先约定好的有关数据格式及时序等规则。这些为实现网络数据交换而建立的规则、约定或标准就称为网络协议。

在车载网络中，模块之间通过数据总线通信时，通信双方需要一些预先制定的标准和约定才能正常交换信息，如通信方法、通信时间、通信内容等，从而保证通信双方能做到相互配合、共同遵守，这些规则就称为通信协议。通信协议犹如交通规则，其中包括"交通标志"的制定方法。就像现实生活中消防车、救护车拥有优先通行权，同样在车载网络系统中，例如车辆发生碰撞的信息相对于其他相对重要性较低的信息拥有优先传输权，以保证迅速打开安全气囊、收紧安全带的同时将车门解锁和点亮危险警告灯，为驾乘者做到最大限度的避险。

通信协议的标准包含"唤醒访问"和"握手"。"唤醒访问"就是一个送至某模块的信号，这个模块为了节电而处于休眠状态；"握手"就是模块间相互确认兼容并处在工作状态。汽车维修人员不用关心通信协议本身，但应了解它对汽车维修诊断的影响。通信协议本身取决于车辆要传输的数据量、使用的模块数量及数据总线的传输速度。大多数通信协议以及使用它们的数据总线和网络都是专用的，因此，维修诊断时需要专门的软件。

通信协议种类繁多，全球各大汽车制造商采用的典型通信协议主要有 8 种，见表 4-3。

除这 8 种通信协议之外，还有其他协议，包括：宝马公司（BMW）1994 年提出的 DAN 集中式网络协议、阿尔法·罗密欧公司的 DAN 集中式网络协议、卢卡斯（Lucas）公司的光学分布式星形耦合器系统、日立公司的集中式光学单纤维双向通信协议以及飞利浦公司的 DDR 分布式网络协议等。到目前为止，世界上尚无一个可以兼容各大汽车公司通信协议的通用标准，仍是多种类型的通信协议共存的局面。

表 4-3 典型通信协议

| 序号 | 通信协议名称 | 推荐或实施单位 |
| --- | --- | --- |
| 1 | CAN | 奔驰、英特尔、博世、JSAE、ISO/TC22/SC3/WG1 |
| 2 | BASICCAN | 飞利浦、博世 |
| 3 | ABUS | 大众 |
| 4 | VAN | 雷诺、标致、雪铁龙、ISO/TC22/SC3/WG1 |
| 5 | HBCC | 福特、SAEJ1850 |
| 6 | PALMNET | 马自达、SAE |
| 7 | DLCS | 通用 |
| 8 | CCD | 克莱斯勒、SAE |

通信协议具有以下三要素。

1）语法。语法确定通信双方之间"如何讲"，即由逻辑说明构成，要对信息或报文中各字段格式化，说明报头（或标题）字段、命令和应答的结构。

2）语义。语义确定通信双方之间"讲什么"，即由过程说明构成，要对发布请求、执行动作以及返回应答予以解释，并确定用于协调和差错处理的控制信息。

3）定时规则。定时规则指出事件的顺序以及速度匹配、排序。

通信协议的功能是控制并指导两个对话实体的对话过程，发现对话过程中出现的差错并确定处理策略。具体来说，每个通信协议都是具有针对性的，用于特定的目的，因此各通信协议的功能是不一样的，但是有一些公共的功能是大多数通信协议都具有的。这些功能包括以下四个方面：

1）差错检测和纠正。面向通信传输的协议常使用"应答 – 重发"和通信校验进行差错的检测和纠正工作。一般来说，通信协议中对异常情况的处理说明要占很大的比例。

2）分块和重装。用协议控制进行传送的数据长度是有一定限制的，参加交换的数据都要求有一定的格式。为满足这个要求，就需要将实际应用中的数据进行加工处理，使之符合协议交换时的格式要求，只有这样才能应用协议进行数据交换。分块与重装就是这种加工处理操作：分块操作将大的数据划分成若干小块；重装操作则是将划分的小块数据重新组合复原。

3）排序。对发送出的数据进行编号以标志它们的顺序，通过排序，可达到按序传递、信息流控制和差错控制等目的。

4）流量控制。限制发送的数据量或速率，以防止在信道中出现堵塞现象。

## 8. 传输媒体

传输媒体又称传输媒介、传输介质或链路，指的是网络信息传输的媒体，在车载网络中是指发送方模块和接收方模块之间的物理通路，分为有线和无线两种类型。目前车上使用的大多数传输媒体都是有线网络。通常用于局域网的有线传输媒体有双绞线、同轴电缆和光纤。表4-4列出了三种传输媒体的主要特性。

表4-4 三种传输媒体的主要特性

| 媒体 | 信号类型 | 最大数据传输速度/（Mbit/s） | 最大传输距离/km | 联网设备个数 |
| --- | --- | --- | --- | --- |
| 双绞线 | 数字 | 1~2 | 0.04 | 几十 |
| 同轴电缆（50Ω） | 数字 | 10 | — | 几百 |
| 同轴电缆（75Ω） | 数字 | 50 | 1 | 几十 |
| 同轴电缆（75Ω） | 模拟 | 20 | 10 | 几千 |
| 同轴电缆（75Ω） | 单信道模拟 | 50 | 1 | 几十 |
| 光纤 | 模拟 | 100 | 1 | 几十 |

如图4-5所示，双绞线由旋扭在一起的两根绝缘导线组成，线对扭在一起的目的是减少相互间的辐射电磁干扰。双绞线是局域网中最普通的传输媒体，一般用于低速传输，最大传输速率可达1~2 Mbit/s；双绞线成本较低，传输距离较近，非常适合车载网络的情况，也是车载网络使用最多的传输媒体。双绞线既可以用于点到点的连接，也可以用于多点的连接，作为一种多点媒体，双绞线比同轴电缆的价格低，但性能差，普遍用于点到点连接。在低频传输时，双绞线的抗干扰性相当于或高于同轴电缆，但在超过10~100kHz时，同轴电缆就比双绞线明显优越。在价格上，双绞线比同轴电缆或光导纤维都要便宜得多。

图4-5 双绞线

同轴电缆也像双绞线那样由一对导体组成，但它们按"同轴"形式构成线对，如图4-6所示，最里层是铜线内芯，外包一层绝缘层，外面再包一层网状屏蔽层，最外面则是起保护作用的塑料封套。铜线内芯和屏蔽层构成一对导体。闭路电视所使用的CATV电缆就是同轴电缆。同轴电缆可以满足较高性能的传输要求，适用于点到点和多点连接，连接的网络节点较多，跨越的距离较大。由于同轴电缆有较高的数据传输率，总线上信号间的物理距离非常小。这样，只允许有非常小的衰减或噪声，否则数据就会出错。

同轴电缆的抗干扰性能比双绞线强。在价格上，安装同轴电缆的费用比双绞线高，但比光导纤维低。同轴电缆既能采用基带传输方式进行数据传输，又能采用宽带传输方式进行数据传输。基带传输是利用数字信号传递信息，传输速率一般为1~10Mbit/s，在限制传输距离和联网设备数据的条件下，可达50Mbit/s。宽带传输是采用电缆电视技术，利用调制方法传递模拟的已调载波信号，传输速率一般也为1~10Mbit/s，但其可以提供多条数据路径，支持多功能、大跨度网络。

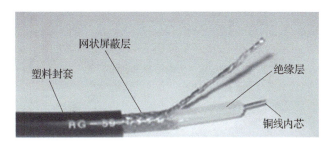

图4-6 同轴电缆

光纤是光导纤维的简称，如图4-7所示。光导纤维由纤芯、反射涂层、黑色包层和彩色包层组成。纤芯是光导纤维的核心部分，它是用有机玻璃制成的光导线，根据全反射的原理进行几乎无损失的传导。透光的反射涂层是用氟聚合物制成，它包在纤芯周围，对全反射起到关键的作用。黑色包层是由尼龙制成，它用来防止外部光的照射。彩色包层起到识别、保护及隔热的作用。光导纤维在电磁兼容性等方面有独特的优点，数据传输速度高，传输距离远。在车载网络中，特别在一些要求传输速度高的车载网络（如车上信息与多媒体网络）中，光纤都有很好的应用前景。

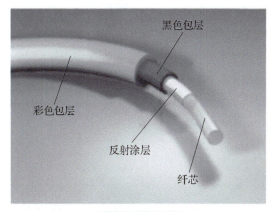

图4-7 光纤

### 9.网关

一辆汽车上可能采用多条不同通信协议或不同传输速度的数据总线，这种情况下模块之间不能完全实现信息共享。因此必须有一种有特殊功能的模块能达到信息共享和不产生协议间的冲突，实现无差错的数据传输。网关（Gateway）就是这样一种模块，它又称网间连接器、协议转换器，能将采用不同通信协议或者不同传输速度的模块间传输的信息进行解码，重新编译，再将数据传输到不同的系统。它就像一个居民小区的门卫，有人要进入小区，它都要先询问客人是否应邀前来，再通知某位住户有人来访了。网关是复杂的网络互联设备，仅用于两个高层协议不同的网络互联。如图4-8所示，如果把高速总线看成一列特快列车，低速总线看成一列普快列车，其互相传输的信息看成旅客，则旅客要想换乘特快列车或普快列车，均需经过站台，这里的"站台"就是网关。

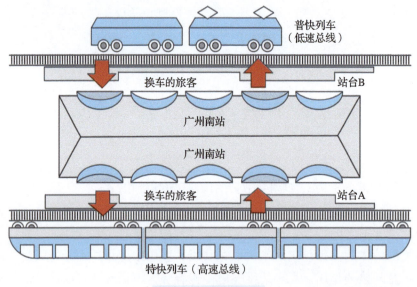

图4-8 网关的比喻

网关是车载网络系统内部通信的核心，通过它不仅可以实现各条总线上的信息共享，还能实现车载网络系统的管理和故障诊断功能。具体包括：

1）网关可以把局域网上的数据转变成可以识别的诊断数据语言，方便诊断。
2）网关可以实现低速网络和高速网络的信息共享。
3）与计算机系统中的网关作用一样，负责接收和发送信息。
4）激活和监控局域网络的工作状态。
5）实现汽车网络系统内数据的同步性。
6）对信息标识符进行翻译。

### 10. 串行传输与并行传输

在车载网络系统中，根据发送模块向接收模块传输信息时各字节传输方式的不同，分为并行传输和串行传输两种形式。进行并行数据传输时，发送模块向接收模块同时传输8位数据。以并行形式传输数据时，发送模块和接收模块之间必须连接8根平行排列的传输导线和接地导线。如图4-9所示，采用并行传输时，其每位数据都需要一个通道，如发送模块发送"01010011"这样一个字节（共8位数据）时，需要采用8根导线连接接收模块，每根导线上传输1位数据。从传输效率上看较高，但成本高昂。因此，需要较高的传输速度时，可以考虑采用这种传输方式，但由于导线和插接器的费用较高，只能在传输路径较短时采用这种方式。

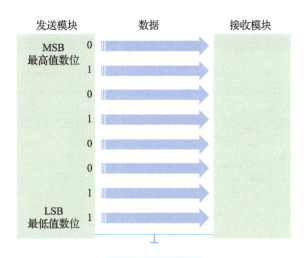

图 4-9 并行传输

串行传输主要用于模块之间的数字通信。以串行形式传输数据时，发送模块和接收模块之间仅需连接一根传输导线和接地导线，在一根传输导线上以比特为单位连续依次传输多位数据。如图 4-10 所示，采用串行传输仅需要一个通道，如发送模块同样发送"01010011"，仅需要采用一根导线连接接收模块，这一根导线上可传输 8 位数据。这种传输方式的优点是降低了布线的时间和成本，缺点是延长了传输时间。一个 8 位并行接口可在一个单位时间内传输一个数据字节，而一个串行接口至少需要 8 个单位时间才能传输一个数据字节。不过，传输距离越长就越能体现出串行传输的优势。

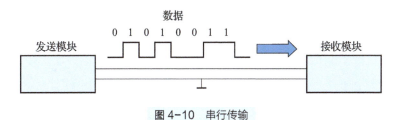

图 4-10 串行传输

在下列情况时可考虑采用串行传输：
1）传输距离较长，例如汽车上离得较远的模块之间的数据传输。
2）为了节省导线成本。
3）要求有较高的抗干扰能力。
4）需要传输的数据量较小。

串行传输的主要问题在于发送和接收模块之间数据传输的时间同步性。发送模块根据节拍频率发送一个规定长度的数据组。只有当接收模块在相同时间周期内对数据组进行分析时，数据传输才会正确，否则将出现错误。

### 11. 同步传输与异步传输

如图 4-11 所示，发送模块和接收模块使用一个共同的时钟脉冲发生器可保持数据传输的时间同步性,这就是所谓同步传输。此时只需使用发送模块的时钟脉冲发生器,通过一根传输导线按其节拍频率将数据传送给接收模块。同步传输数据通常以一个规定长度的数据组的形式进行发送,为了使发送和接收同步,在数据组的起始和结束位需要加上识别符号,以便确认数据的完整性。

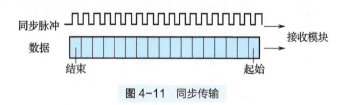

图 4-11 同步传输

异步传输与同步传输相反,发送和接收模块之间没有共同的时钟脉冲发生器。进行异步传输时,通过起始位和结束位来识别所发送的数据组的起始和结束。只有当接收模块确认已接收到之前的数据组后,发送模块才会传输接下来的数据组,因此这种传输方式相对较慢。此外,数据传输的快慢还取决于总线长度。异步传输是根据数据组的持续时间建立并保持发送和接收模块之间的同步性的,这种方式又称为起止方式。如图 4-12 所示,每个数据组起始处都有一个起始位,接收模块可通过该起始位与发送模块的节拍频率保持同步。随后发送 5~8 个数据位,首先发送最低值数位,最后发送最高值数位。接着可能发送一个检查位(校验位),此后还有一个或两个结束位。结束位用于传输两个数据组期间的最小停顿,为接收模块提供了接收下面数据组的准备时间。

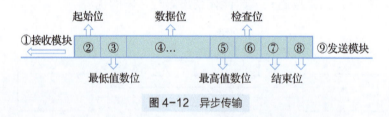

图 4-12 异步传输

异步传输时,发送模块和接收模块的传输形式必须一致,也就是说,两个模块内的下列参数需调节一致:传输速率、奇偶校验检查、数据位的数量、结束位的数量。

### 12. 帧

为了可靠地传输信息中包含的大量数据,通常将原始数据分割成一定长度的数据组来传输,这就称为帧。一帧内包含的数据有同步信号(如帧的开始与结束)、错误控制(各类检错码或纠错码,大多数采用检错重发的控制方式)、流量控制(协调发送方与接收方的速率)、控制信息、数据信息、寻址(在传输通道共享的情况下,保证每一帧都能正确到达接收方,接收方也能知道数据来自哪个发送方)等。

模块之间的数据传输是通过以下 5 种类型的帧进行的:数据帧、远程帧、错误帧、过载帧和帧间隔。数据帧是用于发送模块向接收模块传送数据的帧;远程帧是用于接收模块向具有相同 ID 的发送模块请求数据的帧;错误帧是用于当检测出错误时向其他模块通知错误的帧；过载帧是用于接收模块通知其尚未做好接收准备的帧；帧间隔是用于将数据帧及远程帧与前面的帧分离开来的帧。以数据帧为例，如图 4-13 所示，数据帧由 7 个段构成：

1）帧起始：表示数据帧开始的段。
2）仲裁段：表示该帧优先级的段。
3）控制段：表示数据的字节数及保留位的段。
4）数据段：表示数据的内容，可发送 0~8 个字节的数据。
5）CRC 段：检查帧的传输错误的段。
6）ACK 段：表示确认正常接收的段。
7）帧结束：表示数据帧结束的段。

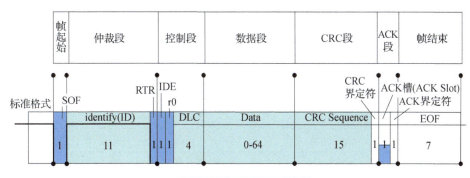

图 4-13 数据帧的构成

### 13. 汽车网络系统的分类

按汽车网络系统的复杂程度、信息量、必要的动作响应速度、可靠性要求等，沿袭 SAE 的分类方式，汽车网络系统分为 A、B、C、D、E 五类，见表 4-5。

表 4-5 汽车网络系统的分类

| 类型 | 位速率 | 应用范围 | 目前主要网络 |
| --- | --- | --- | --- |
| A | 1~10kbit/s | 面向传感器、执行器，主要应用于电动门窗、座椅调节、灯光照明等控制 | TTP/A、LIN |
| B | 10~100kbit/s | 面向独立模块间的数据共享，主要应用于车辆信息中心、故障诊断、仪表显示等系统 | 低速 CAN、J1850、VAN |
| C | 125kbit/s~1Mbit/s | 面向实时控制，主要用于与汽车安全相关以及实时性要求比较高的地方，如动力系统 | 高速 CAN、TTP/C、FlexRay |
| D | 250kbit/s~400Mbit/s | 面向多媒体、导航系统等，主要用于娱乐和多媒体信息交换的车载网络 | IDB-C、IDB-M、IDB-Wireless、MOST |
| E | 10Mbit/s | 面向乘员的安全系统，主要应用于车辆被动安全领域 | Bytelight |

（1）A 类网络

A 类网络的定义与 SAE 的相同，它是主要面向传感器、执行器的低速网络。该类网络对实时性要求不高，位传输速率一般在 1~10kbit/s，主要应用于电动门窗、座椅调节、灯光照明等控制。

表 4-6 为典型的 A 类网络标准。A 类的网络通信大部分采用通用异步收发器（Universal Asynchronous Reveiver/Transmitter，UART）标准。UART 是一个并行输入转化成为串行输出的芯片，通常集成在主板。UART 使用起来既简单又经济，但随着技术的发展，UART 将逐步在汽车通信系统中被停止使用。根据各网络协议目前发展和使用的状况，目前 A 类网络的主要协议是 TTP/A、BEAN 和 LIN，其中尤以 LIN 协议应用最广。TTP/A 协议最初由维也纳工业大学制定，为时间触发类型的网络协议，主要应用于集成了智能变换器的实时现场总线。它具有标准的 UART，能自动识别加入总线的主节点与从节点，节点在某段已知的时间内触发通信但不具备内部容错功能。

表 4-6 A 类网络的标准

| 协议名称 | 用户 | 主要使用场合 | 备注 |
| --- | --- | --- | --- |
| UART | GM | 多种场合 | 正在淘汰 |
| Sinebus | GM | 音频 | 应用于无线操纵车轮控制 |
| CCD | Chrysler | 空调、音频等 | 正被逐步淘汰 |
| J1780/J1587/J1922 | T&B | 多种场合 | 正被逐步淘汰 |
| TTP/A | TTTech | 智能传感器 | 由维也纳工业大学开发 |
| BEAN | Toyota | 车身控制 | |
| LIN | 许多厂商 | 车身控制 | 由 LIN 协会开发 |

车身电子局域网（Body Electronics Area Network，BEAN）是丰田汽车专用的双向通信网络。它是一种多总线车身电子局域网，应用在仪表板系统、转向柱系统和车门系统等，最大传输速率为 10kbit/s，采取单线制，数据长度为 1~11 字节。

LIN 是用于分配式控制车载网络系统的一种低成本串行通信系统。LIN 采用 SCI、UART 等通用硬件接口，辅以相应的驱动程序，采取主从式结构单线 12V 的总线通信方式，主要用于智能传感器和执行器的串行通信。其优点是适用面较广，且成本低廉、配置灵活。采用 LIN 能够提高汽车上分层多路传输网络的性能，降低汽车电子控制装置开发、生产以及诊断服务的成本。目前，LIN 网络已经广泛地被世界上的大多数汽车公司以及零配件厂商所接受，成为事实上的 A 类网络标准。

（2）B 类网络

B 类网络主要面向独立模块间的数据共享，是中速网络。该类网络适用于对实时性要求不高的通信场合，以减少冗余传感器和其他电子部件。B 类网络的位传输速率一般在 10~100kbit/s，主要应用于车辆信息中心、故障诊断、仪表显示等系统。

现在，主流的 B 类汽车网络协议是低速 CAN。CAN 总线是德国博世公司于 20 世纪 80 年代初为解决现代汽车中众多的控制与测试仪器之间的数据交换而开发的一种串行数据通信协议，CAN 是一种多主总线，通信介质可以是双绞线、同轴电缆或光导纤维，通信速率可达 1Mbit/s。

CAN 总线通信接口中集成了 CAN 协议的物理层和数据链路层功能，可完成对通信数据的成帧处理，包括位填充、数据块编码、循环冗余检验、优先级判别等工作。CAN 协议的一个最大特点是废除了传统的站地址编码，而代之以对通信数据块进行编码，最多可标志 2048（2.0A）个或 5 亿（2.0B）多个数据块。采用这种方法的优点是可使网络内的节点个数在理论上受限制，数据段长度最多为 8 个字节，不会占用总线时间过长，从而保证了通信的实时性。CAN 协议采用 CRC 检验并可提供相应的错误处理功能，保证了数据通信的可靠性。

表 4-7 为 B 类网络的标准，B 类网络低速 CAN 采用的是 ISO11898 国际标准，传输速率在 100kbit/s 左右。从 1992 年起，欧洲的各大汽车公司一直采用 ISO11898，所使用的传输速率范围在 47.6~125kbit/s 之间，并不统一。近年来，基于 ISO11519 的容错 CAN 总线标准在欧洲的各种车型中也开始得到广泛的使用，ISO11519-3 的容错低速两线 CAN 总线接口标准在轿车中正在得到普遍的应用，它的物理层比 ISO11898 要慢一些，同时成本也高一些，但是它的故障检测能力却非常突出。

表 4-7 B 类网络的标准

| 协议名称 | 用户 | 主要使用场合 | 备注 |
| --- | --- | --- | --- |
| J2284 | GM、Ford、DC | 多种场合 | 基于 ISO 11898 |
| VAN | Renault、PSA | 车身控制 | 基于 ISO 11519-3 |
| SAE J1850 | GM、Ford、Chrysler | 多种场合 | 主要应用于北美汽车公司 |
| 低速 CAN | 欧洲厂商 | 车身控制 | 速率为 47.6~125kbit/s, 又称容错 CAN |

（3）C 类网络

C 类网络主要面向高速、实时闭环控制的多路传输网（表 4-8）。由于高速总线系统主要用于与汽车安全相关，以及实时性要求比较高的地方，如牵引控制、ABS 等，所以其传输速率比较高，通常在 125kbit/s~1Mbit/s 之间，支持实时的周期性的参数传输。TTP/C 协议由维也纳工业大学开发，为时间触发类型的网络协议。

时间触发系统和事件触发系统的区别：时间触发系统的控制信号起源于时间进程，而事件触发系统的控制信号起源于事件的发生，如一次中断。该协议能够支持多种的容错策略，提供了容错的时间同步以及广泛的错误检测机制，同时还提供了节点的恢复和再整合功能。

FlexRay 是 BWM、DaimlerChrysler、Motorola 和 Philip 等公司制定的功能强大的通信网络协议，具有容错功能及确定的通信消息传输时间，同时支持事件触发与时间触发通信，具备高速率通信能力。FlexRay采用冗余备份的方法，对高速设备可采取点对点方式与FlexRay总线控制器连接，形成星形结构，对低速网络可采用类似CAN总线的方式连接。

目前常用的C类协议仍为高速CAN协议，即ISO11898-3，总线传输速率通常在125~1000kbit/s之间。然而，作为一种事件驱动型总线，CAN无法为下一代线控系统提供所需的容错功能或带宽，当电动汽车中引进线控技术（x-by-wire）系统，由于其对实时性和可靠性要求大大提高，CAN将不再能满足该类网络系统的要求，TTP/C和FlexRay将显示出优势。

表4-8 C类网络的标准

| 协议名称 | 用户 | 主要使用场合 | 备注 |
| --- | --- | --- | --- |
| 高速CAN | CM、欧洲厂商 | 实时控制场合 | 应用非常广泛 |
| TTP/C | TTTech | 实时控制场合 | 由维也纳工业大学开发 |
| FlexRay | BMW、Motorola、Daimler Chrysler等 | 实时控制场合 | |

（4）D类网络

D类网络主要面向多媒体、导航系统等，网络协议的位传输速率在250kbit/s~400Mbit/s之间。为促进智能交通系统和车载多媒体系统的应用，有关方面已经制定了许多规范，智能数据总线IDB是其中一个重要内容。IDB首次确定了汽车行业用于信息、通信和娱乐系统的接口标准，该标准支持即插即用，这样一来，普通电子产品可搭配所有汽车使用。目前SAE已将各种IDB设备分为三类：低速（IDB-C）、高速（IDB-M）和无线通信（IDB-Wireless）。

（5）E类网络

E类网络主要是面向乘员的安全系统，主要应用于车辆被动安全领域。在E类网络的应用场合中可能存在两条或多条总线。如Byteflight，是由BMW、Motorola、Elmos、Infineon等公司针对汽车主动安全性、被动安全性及车身电子系统制定的网络通信协议，该网络的物理介质为塑料光纤，可能的拓扑形式为星形、线形等，属于E类网络。

Byteflight可灵活利用带宽，既能满足某些消息需要时间触发，以保证确定延迟的要求，又能满足某些消息需要事件触发，需要中断处理的要求。该协议的数据传输速率最高可达10Mbit/s，净传输速率可达5Mbit/s，完全可以满足汽车在安全性领域的要求。

## 二 CAN总线传输系统

### 1. CAN总线的含义与特点

CAN是Controller Area Network（控制器局域网）的缩写，其含义是控制单元（ECU）

通过网络进行数据交换，是国际标准化的串行通信协议。目前，CAN 总线是汽车网络系统中应用最多且最为普遍的一种总线技术。

（1）CAN 总线的主要特点

1）国际标准。目前，在众多的现场总线标准中，CAN 是唯一被 ISO 认证（ISO11898）批准为国际标准的现场总线，它已发展成为应用最广泛、支撑技术和元器件最丰富的现场总线标准之一。

2）多主方式。CAN 为多主方式工作，网络上任一节点（可理解为模块）均可在任一时刻主动地向网络上其他节点发送信息，而不分主从。

3）标志符报文。报文（Message）是网络中交换与传输的数据单元，即节点一次性要发送的数据块。为了解决 CAN 网络中多个节点在同一时刻向总线发送报文的先后顺序问题，通过在报文上加标志符，就可将 CAN 上的多个节点分成不同的优先级，满足不同的实时需要，优先级高的数据最多可在 134μs 内得到传输。

4）总线仲裁技术。当 CAN 网络中多个节点在同一时刻向总线发送报文产生冲突时，优先级较低的节点会主动地退出发送，而最高优先级的节点可不受影响地继续传输数据，从而大大节省了总线冲突仲裁时间。即使在网络负载很大的情况下，也不会出现网络瘫痪的情况。

5）数据传输方式。CAN 节点只需要通过对报文的标志符滤波即可实现点对点、一点对多点、全局广播等几种方式传送接收数据。

6）通信速率和距离。表 4-9 为 CAN 总线任意两节点之间的最大传输距离与通信速率的关系，通信速率小于 5kbit/s 时，CAN 的直接通信距离最远可达 10km；CAN 的最高通信速率可达 1Mbit/s，此时通信距离最长为 40m。根据整个 CAN 网络的规模，可设定适合的通信速度。在同一 CAN 网络中，所有模块必须设定成统一的通信速度。即使有一个模块的通信速度与其他的不一样，此模块也会输出错误信号，妨碍整个 CAN 网络的通信。而不同 CAN 网络间可以有不同的通信速度。

表 4-9　CAN 总线任意两节点之间的最大传输距离与通信速率的关系

| 位速率 /（kbit/s） | 1000 | 500 | 250 | 125 | 100 | 50 | 20 | 10 | 5 |
|---|---|---|---|---|---|---|---|---|---|
| 最大距离 /m | 40 | 130 | 270 | 530 | 620 | 1300 | 3300 | 6700 | 10000 |

7）节点数。CAN 总线是可同时连接多个节点的总线，可连接的节点总数理论上是没有限制的，但实际上可连接的节点数受总线上的时间延迟及电气负载的限制。降低通信速度，可连接的节点数增加；提高通信速度，则可连接的节点数减少。CAN 总线上的节点数目前最多可达 110 个。

8）帧结构。在 CAN2.0B 的版本协议中有两种不同的帧格式，不同之处为标志符域的长度不同，含有 11 位标志符的帧称为标准帧，而含有 29 位标志符的帧称为扩展帧。CAN 的报文采用短帧结构，传输时间短，受干扰概率低，保证了数据出错率极低。

9）校验及检错。CAN 的每帧信息都有 CRC 校验及其他检错措施，具有极好的检错效果。CRC 即循环冗余校验码，是数据通信领域中最常用的一种差错校验码，其特征是信息字段和校验字段的长度可以任意选定。

10）通信介质。CAN 通信介质可为双绞线、同轴电缆或光纤，选择灵活。

11）故障封闭。CAN 可以判断出错误的类型是总线上暂时的数据错误（如外部噪声等）还是持续的数据错误（如模块内部故障、驱动器故障、断线等）。当总线上发生持续数据错误时，可将引起此故障的模块从总线上隔离出去。

（2）CAN 总线的网络结构

如图 4-14 所示，汽车上的 CAN 总线的基本网络结构为多主控系统，由多个主控模块一起组成网络，彼此之间没有从属关系，相互独立。CAN 网络上任一主控模块均可在任意时刻主动向网络发送信息，支持点对点、一点对多点和全局广播方式接收/发送数据。

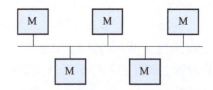

图 4-14　CAN 总线的基本网络结构

图 4-15 为 CAN 总线的基本结构示意图。由多个模块组成网络，这些模块并联在数据线上，因此各模块的条件是相同的。CAN 模块间的信息交换是按顺序连续完成的。原则上 CAN 总线用一根数据线就足以满足功能要求了，但系统还是配备了第二根数据线。在第二根数据线上，信号是按相反的顺序传送的，这样可有效抑制外部干扰。在高速 CAN 总线系统中，各模块均与两根数据线并联，同时两根数据线被两个 120Ω 的终端电阻连成一个封闭的回路。在低速 CAN 总线系统中，各模块也均与两根数据线并联，但没有终端电阻。

图 4-15　CAN 总线的基本结构示意图

图 4-16 为典型 CAN 总线结构，传输速率为 500kbit/s 的高速 CAN 主要面向实时性要求较高的控制单元，如 ABS 等；传输速率为 125kbit/s 的低速 CAN 主要面向信号多但实时性要求不高的控制单元，如车灯、车门、车窗等，其优点是成本较低。网关把高速 CAN 和低速 CAN 连接在一起，实现互通和信息共享。

（3）CAN 总线的传输介质

CAN 总线的传输介质有双绞线和光纤，目前以双绞线为主。CAN 总线采用双绞线自

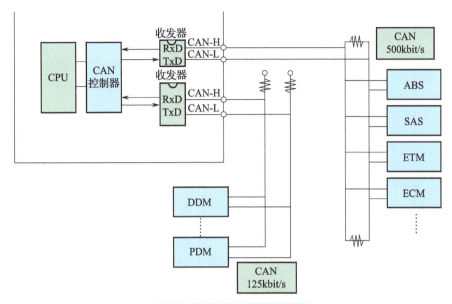

图 4-16 典型 CAN 总线结构

身校验的结构,既可以防止电磁干扰对传输信息的影响,也可以防止本身对外界的干扰。系统中采用 CAN-H 和 CAN-L 高、低电平两根数据线,控制器输出的信号同时向两根数据线发送,高、低电平互为镜像。并且每一个控制器都增加了终端电阻,以减少数据传送时的过调效应。如图 4-17 所示,为了清楚起见,CAN 数据线的原理图分别用单颜色来表示,CAN-H 线总是黄色,CAN-L 线总是绿色。

图 4-17 CAN 数据线 CAN-H 和 CAN-L

图 4-18 为双绞线防干扰示意图,当外界的电磁干扰同时作用于两条数据线 CAN-H 和 CAN-L 时,由于两条数据线产生的电磁波干扰可以相互抵消,起到了抗干扰作用。

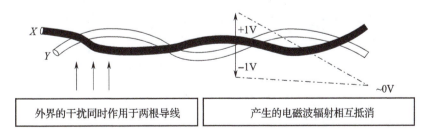

图 4-18 双绞线防干扰示意图

从图 4-19 中可清楚地看到这种抗干扰的效果。由于 CAN-H 线和 CAN-L 线是扭绞在一起的(双绞线),干扰脉冲 $X$ 就总是有规律地作用在两条线上。由于差动信号放大器总是用CAN-H线上的电压（3.5V–$X$）减去CAN-L线上的电压（1.5V–$X$），即（3.5V–$X$）–（1.5V–$X$）=2V，因此在经过处理后，差动信号中就不再有干扰脉冲了。

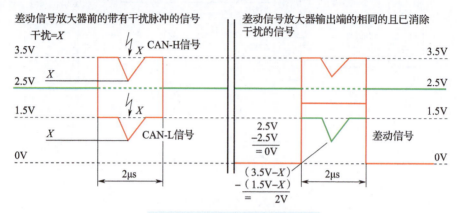

图4-19 双绞线防干扰工作原理

### 2. CAN 系统传输原理

CAN 总线的数据传输原理在很大程度上类似于电话会议的方式。一个用户（控制单元）向网络中"说出"数据，而其他用户"收听"到这些数据。一些控制单元认为这些数据对它有用，它就接收并且应用这些数据，而其他控制单元也许不会理会这些数据。因此数据总线里的数据并没有指定的接收者，而是被所有的控制单元接收及计算。

图4-20为高速CAN电路简图及信号图，常用于驱动系统。驱动系统的主要连接对象是驱动电机控制器、ABS/ASR/ESP控制单元、自动变速器控制单元等，它们的基本特征相同，都是控制与汽车行驶直接相关的系统。

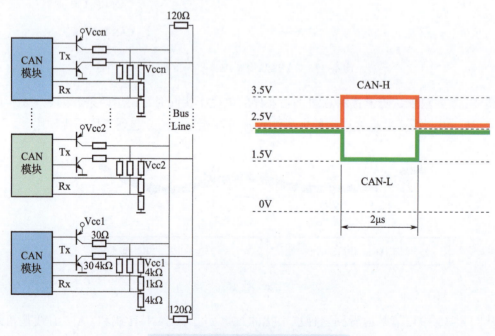

图4-20 高速CAN电路简图及信号图

高速 CAN 总线速率是所有 CAN 总线中最高的,达到 500kbit/s。它采用终端电阻结构,其中心电阻为 66Ω,并且 CAN-H 线和 CAN-L 线为环状结构,即任一根数据线断路,则 CAN 总线无法工作。从其信号图可知,CAN-H 线的高电平为 3.5V,低电平为 2.5V;CAN-L 线的高电平为 2.5V,低电平为 1.5V。两者互为镜像。CAN-H 线为 3.5V,CAN-L 线为 1.5V 时,逻辑值为 1;CAN-H 线为 2.5V,CAN-L 线为 2.5V 时,逻辑值为 0。

图 4-21 为低速 CAN 电路简图及信号图,常用于舒适性系统、车身系统等。低速 CAN 总线速率达到 100kbit/s,没有终端电阻,且 CAN-H 线和 CAN-L 线分离,即任一根数据线断路,CAN 总线工作不受影响。信号图与高速 CAN 有很大区别,CAN-H 线的高电平为 3.6V,低电平为 0V;CAN-L 线的高电平为 5V,低电平为 1.4V。两者互为镜像。CAN-H 线为 3.6V,CAN-L 线为 1.4V 时,逻辑值为 1;CAN-H 线为 0V,CAN-L 线为 5V 时,逻辑值为 0。

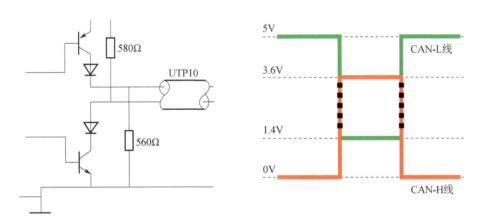

图 4-21　低速 CAN 电路简图及信号图

### 3. CAN 总线系统元件功能和数据传输过程

CAN 总线系统元件主要由 K 线、控制单元、CAN 构件、收发器等组成,如图 4-22 所示。

1)K 线。K 线用于在 CAN 总线系统自诊断时连接汽车故障检测仪,属于诊断用的通信线。

2)控制单元。控制单元接收来自传感器的信号,将其处理后再发送到执行元件上。控制单元中的微控制器上带有输入输出存储器和程序存储器,定期查询控制单元接收到的传感器值并按顺序存入输入存储器。微控制器按事先编制好的程序来处理输入值,处理后的结果存入相应的输出存储器内,然后到达各个执行元件。为了能够处理 CAN 信息,各控制单元内还有一个 CAN 存储区,用于容纳接收到的和要发送的信息。

3)CAN 构件。它用于数据交换,分为两个区:一个是接收区,一个是发送区。CAN 构件通过接收邮箱或发送邮箱与控制单元相连,其工作过程与邮局收发邮件的过程非常相似。CAN 构件一般集成在控制单元的微控制器芯片内。

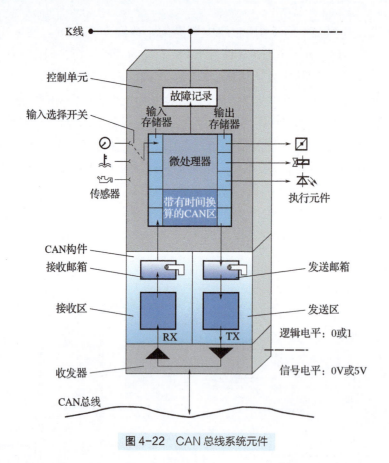

图 4-22 CAN 总线系统元件

4）收发器。收发器就是一个发送/接收放大器，在接收数据时，收发器把 CAN 构件连续的比特流（亦称逻辑电平）转换成电压值（线路传输电平）；当发送数据时，收发器把电压值（线路传输电平）转换成连续的比特流。线路传输电平非常适合在铜质导线上进行数据传输。收发器通过 TX 线（发送线）或 RX 线（接收线）与 CAN 构件相连。RX 线通过一个放大器直接与 CAN 总线相连，并总是在监听总线信号。

## 三 LIN 总线系统

LIN 是 Local Interconnect Network 的英文缩写，是一种用于分布式袋子系统的新型低成本串行通信网络。LIN 总线成本低、结构简单，能够实现控制单元功能更为合理的分配，提高性能。其重要用途是传输开关设置状态以及对开关变化响应，通信事件是在百毫秒级时间内发生，而不像驱动系统等其他速度快得多的汽车应用。LIN 协议支持在单根线上进行双向通信，使用由 RC 振荡器驱动的低成本微控制器，这样可以省去晶体振荡器或陶瓷振荡器的成本。另外，此协议实际上是以时间和软件上的代价换取硬件上成本的节约。目前，大量的车身和安全性能方面的应用对车载网络系统的性能要求并不太高，只需要一种性价比更高的标准车载网络总线，而 LIN 总线正好可以满足这一需求。图 4-23 所示为 LIN 在车门电子控制系统的应用。

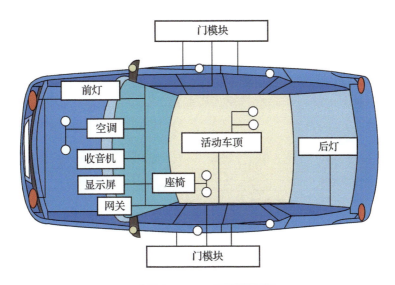

图 4-23  LIN 总线网络结构

### 1. LIN 总线的结构

在图 4-23 所示的 LIN 总线网络结构中，作为上层总线（如 CAN 总线）的子网，上层总线中的各控制单元就是 LIN 网的主机节点，与主机节点单线连接的开关、设备等就是从机节点。LIN 网络的拓扑结构为单线总线，应用了单一主机多从机的概念，即由一个主机节点、一个或多个从机节点组成。主机节点（Master Node）包含主机任务（Master Task）和从机任务（Slave Task），从机节点（Slave Node）只包含从机任务，如图 4-24 所示。一个 LIN 网络最多可以连接 16 个节点，典型应用一般都在 12 个节点以下，主机节点有且只有一个，从机节点有 1~15 个节点。

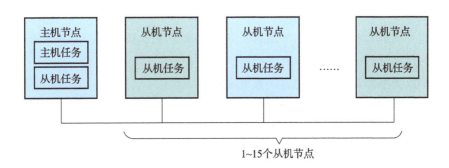

图 4-24  LIN 网络结构

### 2. LIN 总线的通信

LIN 总线主机节点中的主机任务模块通过发送一个报文头来启动一次通信过程。所有节点中的从机任务模块（包括主机节点）都对接收到的报文头中的标志符进行监测，发现本次通信与自己有关时，就发送由数据场与校验场构成的报文响应。其他所有节点的从机任务模块（包括主机节点）都接收到这个响应，并由节点自己的用户程序决定该响应信息对于本节点的有效性。规定每一个标志符只有一个节点发出响应，以避免发生冲突。

这种机制可以确保采用多种方式进行数据交换：从主机节点（用它的从机任务）到一个或多个从机节点；从一个从机节点到主机节点或其他的从机节点。信息可以直接由从机节点到从机节点，而不需要由主机节点来指定路径，或者由主机节点向网络中所有的从机节点广播信息，如图4-25所示。

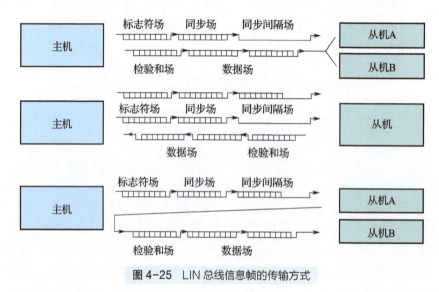

图4-25 LIN总线信息帧的传输方式

## 四 项目实施

### 实施准备

安全防护：做好车辆安全防护与隔离（车辆挡块、警示隔离带、高压危险警示牌）
个人防护：绝缘鞋、绝缘帽、绝缘手套、护目镜
工具设备：数字万用表、解码器、放电工装
实训车辆：吉利EV450
辅助资料：翼子板护垫三件套、汽车内饰护套

### 任务一　中央集控器电源故障检修

⚠ **情景引入**：一辆行驶里程约6万km的吉利帝豪EV450，客户赵先生反映该车无法启动，要求检修。经过维修师傅检测，认定为低压系统无法上电，已经排查了蓄电池与防盗系统，需要对BCM系统进行检修。

中央集控器电源故障检修

## 1. EV450 低压无电故障分析

如图 4-26 所示，低压无电故障的原因分为三部分：辅助电池故障、BCM 故障、防盗模块故障。对于 BCM 的故障又分为电源故障、通信故障、元件故障。

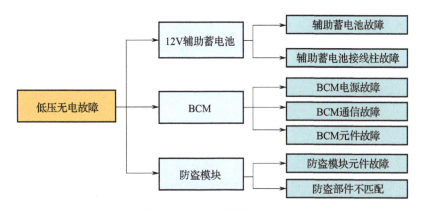

图 4-26　EV450 低压无电故障图

## 2. 故障诊断与排除

先用诊断仪查询 BCM，确认故障码。由于已经排查了蓄电池及防盗系统，故直接参照图 4-27，对熔丝进行检测。

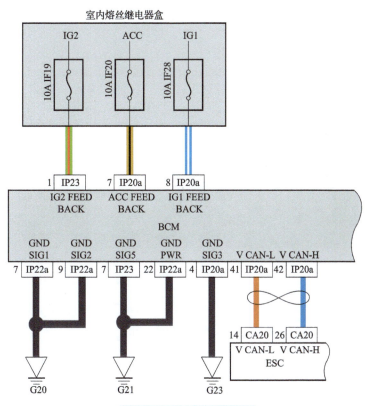

图 4-27　BCM 电路简图

1）检查 BCM 熔丝 IF19、IF20 和 IF28 是否熔断。

2）检修熔丝 IF19、F20 和 IF28 线路。检查熔丝 IF19、IF20 和 IF28 线路是否有短路故障，进行线路修理，确认没有线路短路现象。更换额定电流的熔丝，熔丝的额定值：IF19 为 10A；IF20 为 10A；IF28 为 10A。确认 BCM 是否正常工作。

3）检查 BCM 线束连接器（端子电压）。将启动开关置于 OFF 状态，断开 BCM 线束插接器 IP20a 和 IP23；启动开关置于 ON 状态，测量 BCM 线束插接器 IP20a 端子 7、端子 8 对车身搭铁的电压，如图 4-28 所示，电压标准值：11~14V。测量 BCM 线束插接器 IP23 端子 1 对车身搭铁的电压，电压标准值：11~14V，确认电压是否符合标准值，如图 4-29 所示。

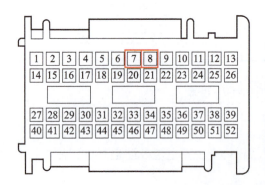

图 4-28　IP20a BCM 线束插接器

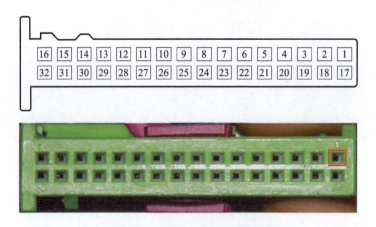

图 4-29　IP23 BCM 线束插接器

4）检查 BCM 线束插接器（接地端子导通性）。启动开关置于 OFF 档，测量 BCM 线束插接器 IP22a 端子 7、端子 9、端子 22 与车身搭铁之间的电阻值，电阻标准值：小于 1Ω，如图 4-30 所示；测量 BCM 线束插接器 IP20a 端子 4 与车身搭铁之间的电阻值，电阻标准值：小于 1Ω，确认电阻是否符合标准值。

5）更换 BCM。

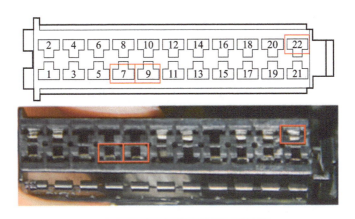

图 4-30　IP22a BCM 线束插接器

## 任务二　中央集控器通信故障检修

**⚠ 情景引入：** 一辆行驶里程约 3 万 km 的吉利帝豪 EV450，客户孙先生反映该车左前车窗无法降落，要求检修。通过故障诊断仪访问 BCM，显示故障码"U022287（与左前车窗防夹模块通信丢失）"，需要对 BCM 通信系统进行检修。

### 1. 吉利帝豪 EV450 电动车窗的原理

左前门玻璃升降器和左后门玻璃升降器共用一个电源（25A），右前门玻璃升降器和右后门玻璃升降器共用一个电源（25A），BCM 通过 LIN 系统对车门进行控制，如图 4-31 所示。

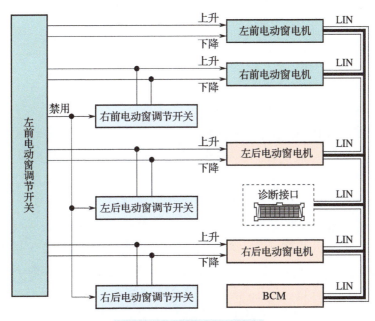

图 4-31　电动车窗工作原理

## 2. 故障诊断

根据图 4-32，进行以下检查。

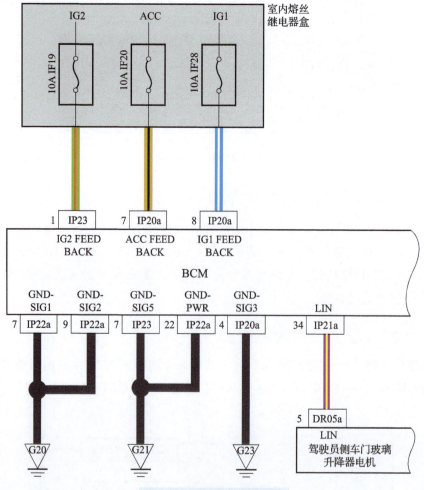

图 4-32　电动车窗电路简图

1）检查蓄电池。电压标准值：11～14V。

2）检查 BCM 熔丝 IF19、IF20 和 IF28。

3）检修熔丝 IF19、IF20 和 IF28 线路。检查熔丝 IF19、IF20 和 IF28 线路是否有短路故障，进行线路修理，确认没有线路短路现象。更换额定电流的熔丝，熔丝的额定值：IF19 为 10A；IF20 为 10A；IF28 为 10A。确认 BCM 是否正常工作。

4）检查 BCM 线束插接器（端子电压）。启动开关置于 OFF 状态，断开 BCM 线束插接器 IP20a 和 IP23；启动开关置于 ON 状态，测量 BCM 线束插接器 IP20a 端子 7、端子 8 对车身搭铁的电压，电压标准值：11~14V。测量 BCM 线束插接器 IP23 端子 1 对车身搭铁的电压，电压标准值：11~14V，确认电压是否符合标准值。

5）检查 BCM 线束插接器（接地端子导通性）。启动开关置于 OFF 档，测量 BCM 线束插接器 IP22a 端子 7、端子 9、端子 22 与车身搭铁之间的电阻值，电阻标准值：小于 1Ω；测量 BCM 线束插接器 IP20a 端子 4 与车身搭铁之间的电阻值，电阻标准值：小于 1Ω。确认电阻是否符合标准值。

6）检查左前车窗防夹模块线束插接器（端子电压）。启动开关置于 OFF 状态，断开左前车窗防夹模块线束插接器 DR05a，如图 4-33 所示。启动开关置于 ON 状态，测量左前车窗防夹模块线束插接器 DR05a 端子 2 对车身搭铁的电压值，电压标准值：11~14V。

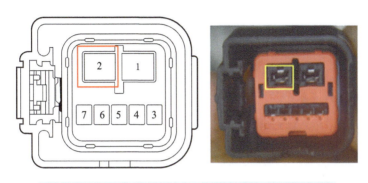

图 4-33　DR05a 驾驶员侧车门玻璃升降器电机线束插接器

7）检查左前车窗防夹模块线束插接器（接地端子导通性）。启动开关置于 OFF 档，断开左前车窗防夹模块线束插接器 DR05a。测量左前车窗防夹模块线束插接器 DR05a 端子 1 与车身搭铁之间的电阻值，电阻标准值：小于 1Ω。

8）检查 BCM 与左前车窗防夹模块之间线束插接器的 LIN 数据通信线。启动开关置于 OFF 状态，将蓄电池负极电缆从蓄电池上断开。断开 BCM 线束插接器 IP21a，从左前车窗防夹模块上断开线束插接器 DR05a，测量 BCM 线束插接器 IP21a 端子 34 与左前车窗防夹模块线束插接器 DR05a 端子 4 之间的电阻值，电阻标准值：小于 1Ω。

9）更换左前车窗防夹模块。

10）更换 BCM。

## 复习题

### 1. 填空题

（1）采用车载网络可以_____、_____、_____的数量。

（2）由于汽车各个系统对数据的传输速率不同，汽车上常用的总线分为_____、_____两大类。

（3）CAN 总线用于对_____、_____要求较高的场合，如发动机电控单元和 ABS 电控单元等。

（4）TTCAN 通信速度可以达到_____；LIN 通信速度只有_____。

（5）_____、_____功能用于减少在关闭启动开关时蓄电池的额外能量消耗。

（6）CAN 结构模型取 ISO/OSI 参考模型的 1、2、7 层，即_____、_____、_____。

（7）常见的局域网拓扑结构有_____、_____、_____等。

（8）数据传输介质有_____、_____、_____等。

（9）CAN 总线帧按照携带的信息类型可分为 4 种帧格式：_____、_____、_____、_____。

（10）SAE 车辆网络委员会按照系统的信息量、响应速度、可靠性等要求，将车载网络分为_____。

（11）架构通常包括 1 条或 2 条线路，采用双线时数据的传输基于_____，采用 1 条线传输数据时，_____。

## 2. 简答题

（1）车载网络系统的功能及特点是什么？

（2）两组数据同时发送，如何实现网络数据不冲突？

## 3. 任务实施考核

| 作业内容 | 评分要点（各竞赛环节漏项或累计最多扣相应配分） | 配分 | 扣分 | 判罚依据 |
| --- | --- | --- | --- | --- |
| 人物安全 | ☐ 未按实训要求着装的扣 10 分<br>☐ 举升车辆或上电未有效警示他人的每次扣 10 分<br>☐ 可能构成设备损坏或人身伤害的操作每次扣 10 分 | 10 | | |
| 设备使用 | ☐ 未检查绝缘手套密封性的扣 10 分<br>☐ 未检查工具、仪器外观损伤的扣 10 分<br>☐ 使用万用表前未进行电阻校准的扣 10 分<br>☐ 未检查数字万用表的电阻量程（校零）的扣 10 分<br>☐ 未检查耐磨手套、护目镜、安全帽外观损伤的扣 10 分<br>☐ 工具仪器使用不合理、跌落或未合理归位的每次扣 10 分 | 20 | | |
| 团队协作 | ☐ 出现两条作业主线的每次扣 1 分<br>☐ 小组内部缺乏交流的每次扣 1 分<br>☐ 小组分工不明、配合混乱的每次扣 1 分 | 20 | | |
| 作业要求 | ☐ 故障判断遗漏的，每个故障点扣 10 分<br>☐ 未同步记录作业过程的每次扣 10 分<br>☐ 记录数据与测量数据不符的每次扣 10 分<br>☐ 使用万用表、示波器前未断电被老师制止的每次扣 10 分 | 40 | | |

（续）

| 作业内容 | 评分要点（各竞赛环节漏项或累计最多扣相应配分） | 配分 | 扣分 | 判罚依据 |
|---|---|---|---|---|
| 现场恢复 | □ 未关闭驾驶员侧车窗的扣 10 分<br>□ 未拆卸翼子板布、格栅布的扣 10 分<br>□ 未拆卸车内四件套并丢弃到垃圾桶的扣 10 分<br>□ 未移除高压警示标识等到指定位置的扣 10 分<br>□ 未恢复工位到原标准工位布置状态的扣 10 分<br>□ 未将钥匙、诊断报告放至指定位置的扣 1 分 | 10 | | |
| 追加处罚 | □ 未执行高压作业断电流程被裁判制止的每次扣 30 分<br>□ 断电时未有效佩戴绝缘手套、护目镜的每次扣 30 分<br>□ 断电前未关闭启动开关、未妥善保管智能钥匙的每次扣 30 分<br>□ 断电前未断开辅助蓄电池负极、未做安全防护的每次扣 30 分<br>□ 断电未正确拔下直流母线插头、未做安全防护的每次扣 30 分<br>□ 未按正确安全操作程序，损伤、损毁车辆或竞赛设备，视情节扣 50 分，造成特别严重安全事故的终止比赛，成绩记 0 分<br>□ 未按正确安全操作程序，造成人员伤害，视情节扣 20～50 分，造成特别严重安全事故的终止比赛，成绩记 0 分<br>说明：追加处罚不配分只扣分，至职业素养和操作规范扣完为止。 | | | |

# 项目五  车辆灯光系统故障检修

新能源汽车整车
控制系统检修

## 项目导入

一辆行驶里程约 7 万 km 的吉利帝豪 EV450，客户赵先生反映该车前照灯自动开启不工作。具体故障现象是该车途经隧道时，自动前照灯不亮，经检查，该车位置灯和远光灯正常。

## 教学目标

**知识目标：**

1）掌握汽车灯光系统的功用与组成。
2）掌握汽车照明系统的结构与功用。
3）掌握前照灯及灯泡的结构与种类。
4）掌握汽车信号系统的功用与组成。
5）掌握汽车转向灯闪光器的结构、种类与作用。

**能力目标：**

1）能对新能源汽车的照明系统进行故障分析、诊断。
2）能对新能源汽车的信号系统进行故障分析、诊断。

**素质目标：**

1）严格执行汽车灯光系统的检修规范，养成科学严谨的工作态度。
2）培养团结协作精神。
3）严格执行 6S 标准。

## 背景知识

### 一 汽车灯光系统的功用与种类

为了保证汽车行驶的安全性,减少交通事故和机械事故的发生,汽车上都装有灯光系统。我国交通法规定,在车辆的使用过程中要求各灯光装置齐全、完好、功能有效。纯电动汽车的灯光系统包括照明系统和信号系统。

照明系统是汽车夜间行驶必不可少的照明设备,主要用于夜间行车照明、车内照明、仪表照明及检修照明。纯电动汽车的照明系统根据安装位置和用途不同,一般可分为外部照明装置和内部照明装置,见表5-1。

表5-1 汽车照明灯的种类、特点及用途

| 种类 | 外部照明装置 | | | 内部照明装置 | | |
| --- | --- | --- | --- | --- | --- | --- |
| | 前照灯 | 雾灯 | 牌照灯 | 顶灯 | 仪表灯 | 行李舱灯 |
| 工作时的特点 | 白色常亮,远近光变化 | 黄色或白色单丝常亮 | 白色常亮 | 白色常亮 | 白色常亮 | 白色常亮 |
| 用途 | 为驾驶员安全行车提供保障 | 雨雪雾天保证有效照明及提供信号 | 用于照亮汽车尾部牌照 | 用于夜间车内照明 | 用于夜间观察仪表时的照明 | 用于夜间拿取行李物品时的照明 |

照明系统及其控制装置常见的安装位置如图5-1和图5-2所示。

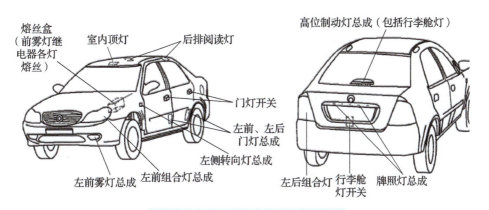

图5-1 汽车内外主要灯光及安装位置

汽车上除照明灯外,还有用以指示其他车辆或行人的灯光信号标志,这些装置组成了灯光信号系统。灯光信号系统的灯光装置也分为外信号灯和内信号灯,外信号灯指转向指示灯、制动灯、尾灯、示宽灯、倒车灯;内信号灯泛指仪表板的指示灯,主要有转向、机油压力、充电、制动、关门提示等仪表指示灯。各种信号灯的特点及用途见表5-2。

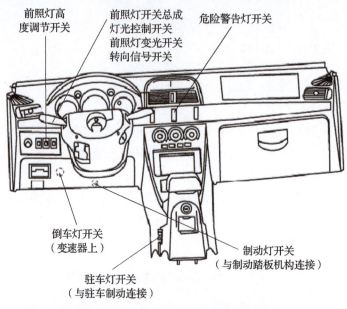

图 5-2 汽车主要灯光的控制装置及安装位置

表 5-2 信号灯的种类、特点及用途

| 种类 | 外信号灯 | | | | | 内信号灯 | |
|---|---|---|---|---|---|---|---|
| | 转向灯 | 示宽灯 | 驻车灯 | 制动灯 | 倒车灯 | 转向指示灯 | 其他指示灯 |
| 工作时的特点 | 琥珀色交替闪亮 | 白色或黄色常亮 | 白色或红色常亮 | 红色常亮 | 白色常亮 | 白色闪亮 | 白色或黄色常亮 |
| 用途 | 告知行人或其他车辆将转弯 | 标志汽车宽度轮廓 | 标明汽车已经停驶 | 表示已减速或将停车 | 告知行人或其他车辆将倒车 | 提示驾驶员车辆的行驶方向 | 提示驾驶员车辆的状况 |

## 二 汽车灯光系统的照明系统

### 1. 前照灯

前照灯主要用于夜间行车时道路照明,灯光为白色。为了确保夜间行车的安全,前照灯应保证车前有明亮而均匀的照明,使驾驶员能够看清楚车前100m(或更远)内道路上的任何障碍物。前照灯应具有防眩目的装置,以免夜间会车时,使对方驾驶员目眩而发生事故。前照灯包括远光灯和近光灯两个灯丝,远光灯用于保证车前道路100m以上明亮均匀的照明,功率一般为50~60W;近光灯在会车时和市区内使用,避免迎面来车驾驶员眩目,又保证车前50m内的路面照明,功率一般为30~55W。前照灯有两灯制和四灯制两种配置方法。

（1）汽车前照灯的结构

汽车前照灯光学系统一般由光源（灯泡）、反射镜、配光镜（散光镜）三部分组成。

1）灯泡。目前汽车前照灯所用的灯泡有卤素灯、氙气灯和LED灯。

①卤素灯。在充入灯泡的惰性气体中加入了一定量的卤族元素（如氟、溴、碘），这种灯泡称为卤素灯泡，如图5-3所示。在相同功率下，卤素灯泡的亮度为白炽灯的1.5倍，寿命长2~3倍。原因是从灯丝上蒸发出来的气态钨与卤族元素反应生成了一种挥发性的卤化钨，在扩散到灯丝附近的高温区域后又受热分解，使钨重新回到灯丝上，这种卤钨再生循环反应有效地防止了钨的蒸发和灯泡黑化的现象。由于卤素灯泡体积小、耐高温、发光强度高、使用寿命长，故而得到广泛的应用。

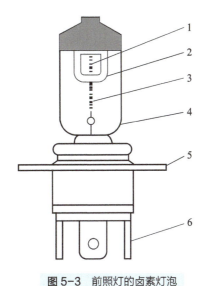

图5-3 前照灯的卤素灯泡

1—近光灯丝 2—远光灯丝 3—定焦盘
4—配光屏 5—凸缘 6—插片

②氙气灯。如图5-4所示，氙气灯简称HID（High Intensity Discharge）灯，它的最大魅力就是它的安全性。这主要是因为HID灯带来的多重光束比卤素灯更远、更宽、强度更大，近光设置更有效。在黑夜里，特别是车辆行驶在郊区，氙气灯能大幅提高车前方的照明强度，照亮路边的标志，对行车安全的重要性是毋庸置疑的。而且，同样瓦数的HID灯的亮度大约是卤素灯的2~3倍。在能量的使用方面，一般车辆上卤素前照灯每小时需要耗电60W左右，而一些HID前照灯在安定器的稳定运作下，平均只需要35W，大大低于卤素灯。HID灯可明显减轻车辆电力系统的负担，达到节能的要求。氙气灯是利用电流刺激气体发光，基本上不会产生过高的温度，因此只要其中氙气没用完就可以正常发光，不易损坏。据一项研究显示，就算品质再高的卤素灯泡，寿命最多也就是400h，而一般的HID灯，寿命最少也有3000h。HID灯不易损坏而且寿命长，满足了对汽车照明节能的要求。

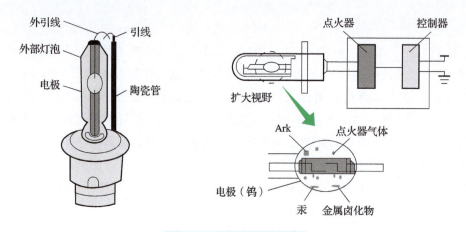

图 5-4　氙气灯的基本结构

③ LED 灯。如图 5-5 所示，LED 是一种利用电子发光原理制成的半导体器件，它可直接将电能转化为可见光，具有发光效率高、寿命长、耗电少、体积小等特点，被称为"汽车绿色照明光源"。从制造工艺上讲，生产 LED 光源所使用的材料不含重金属，与其他光源相比发光效率可以提高 20% 以上。LED 的寿命很长，平均无故障工作时间为 10 万 h，并且 LED 属于实心封装的固体光源，其抗振动性也是其他光源无法比拟的。从这些优势来看，LED 无疑是节能环保的首选，正是由于具备以上优点，LED 灯在汽车照明中得到了广泛应用。奥迪研发的一种 LED 远光灯能让驾驶员在夜间行车时，不会因为灯光过亮而使迎面而来的车辆驾驶员眩目造成暂时爆盲。

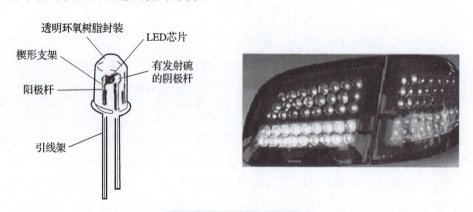

图 5-5　LED 灯的基本结构

2）反射镜。反射镜的作用是将灯泡的散射（直射）光反射成平行光束，使光度大大增强，可增强几百倍乃至上千倍，以保证汽车前方 150~400m 范围内足够的照明。未使用反射镜的灯泡只能照亮前方 6m 左右，使用反射镜后可照亮前方 150m。

反射镜的表面形状呈旋转抛物面，如图 5-6 所示。其一般由 0.6~0.8mm 的薄钢板冲压而成或由玻璃、塑料制成，其内表面镀银、铝或铬，然后抛光处理。由于镀铝的机械强度大，反射系数高，目前反射镜内面采用真空镀铝的较多。

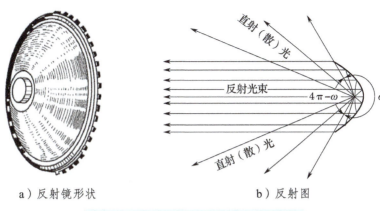

a）反射镜形状　　　　　　　　　b）反射图

图 5-6　反射镜形状和反射镜产生的反射图

3）配光镜。配光镜又称散光玻璃，由透光玻璃压制而成，是多块特殊棱镜和透镜的组合，外形一般为圆形和矩形，如图 5-7 所示。配光镜的作用是将反射镜反射出的平行光束进行折射，使车前的路面有良好而均匀的照明，如图 5-8 所示。

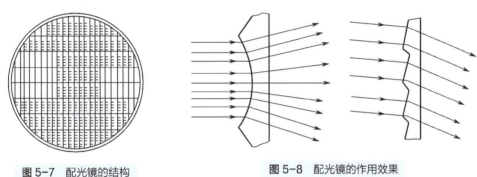

图 5-7　配光镜的结构　　　　　　图 5-8　配光镜的作用效果

（2）其他形式的前照灯

1）高亮度弧光灯。高亮度弧光灯的灯泡里没有灯丝，如图 5-9 所示，结构由弧光灯组件、电子控制器和升压器三大部分组成。在石英管内装有两个电极，管内充有氙气及微量金属（或金属卤化物），在电极上加 5000~12000V 电压后，气体开始电离而导电，由气体原子激发到电极间少量汞蒸气弧光放电，灯泡的光色和荧光灯相似，具有启动快、寿命长、节能等特点。

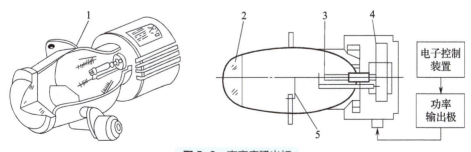

图 5-9　高亮度弧光灯

1—总成　2—透镜　3—弧光灯　4—引燃及稳弧部件　5—遮光板

2）投射式前照灯。投射式前照灯外形特点是装用很厚的无刻纹的凸形散光镜，反射镜是椭圆形的，外径很小，结构如图 5-10 所示。反射镜有两个焦点，第一焦点处放置灯泡，第二焦点在灯光中形成，凸形散光镜的焦点与第二焦点重合，来自灯泡的光利用反射镜聚成第二焦点，再通过散光镜将聚集的光投射到前方，投射式前照灯采用的光源为卤素灯泡，在第二焦点附近设有遮光板，可遮挡上半部分光，形成明暗分明的配光。由于它的这种配光特性可适用于前照灯的近/远光灯，也可用作雾灯。

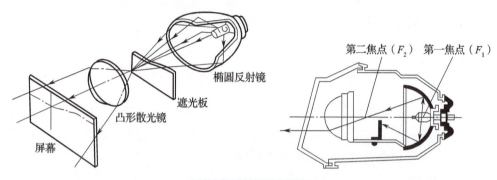

图 5-10 投射式前照灯

（3）汽车前照灯及控制电路分析

前照灯是汽车夜间行驶必不可少的照明设备，为了提高汽车夜间行驶的速度，确保行车安全，不少汽车上采用了前照灯电子控制装置，对前照灯进行自动控制。

常用的控制装置有前照灯自动变光器、前照灯状态控制装置、前照灯昏暗自动发光器、前照灯关闭自动延时器等。

1）前照灯的控制电路。前照灯随车型不同，控制方式也有差异。当灯的功率较小时，灯的电流直接受灯光总开关控制，如图 5-11 所示。当灯的数量多、功率大时，为减少开关热负荷，减少线路压降，采用继电器控制，同时分路熔断器的个数也增加。因车型不同，继电器控制线路也有控制相线式（图 5-11a）和控制搭铁线式（图 5-11b）之分。

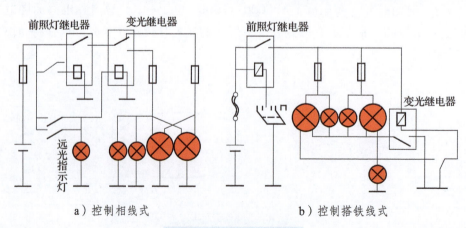

图 5-11 前照灯控制电路

2）前照灯自动变光电路。在夜间行驶时，为了防止迎面来车驾驶员眩目，驾驶员必须频繁使用变光开关，这样会分散驾驶员的注意力，影响行车安全。前照灯自动变光装置可以根据迎面来车的灯光强度调节前照灯的远光或近光，图 5-12 所示为前照灯自动变光电路原理图。

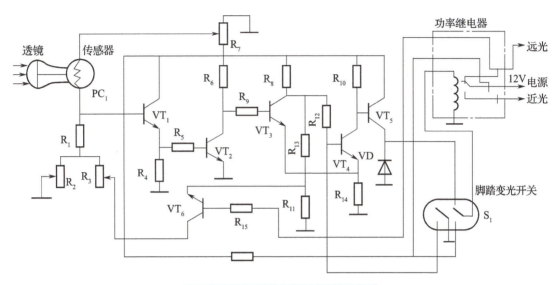

图 5-12　前照灯自动变光电路原理图

当迎面来车的前照灯光线照射到传感器时，通过透镜将光线聚焦到光敏元件上，通过放大器输出信号触发功率继电器，继电器将前照灯自动从远光变为近光。当迎面来车驶过后，传感器不再有灯光照射，于是放大器不再向功率继电器输送信号，继电器触点又恢复到远光照明。

光敏电阻 $PC_1$ 用来传感光照情况，其电阻值与灯光强度成反比。在受到光线照射前，其电阻值较高，但受光照后，其电阻值迅速下降，$PC_1$ 和 $R_1$、$R_2$、$R_3$、$R_7$ 以及 $VT_6$ 组成 $VT_1$ 的偏压电路。当远光接通时，$VT_6$ 导通，$PC_1$ 受到光照作用，电阻减小到一定值时，$VT_1$ 基极上偏压刚好能产生光束转换，即从远光变为近光。近光接通后，$VT_6$ 截止，这时偏压电路中只有 $R_7$、$PC_1$、$R_1$ 和 $R_2$，因而灵敏度增加，当迎面来车驶过后，$PC_1$ 电阻增大，$VT_1$ 截止，前照灯立即由近光变为远光。

射极输出器 $VT_1$ 的输出，由 $VT_2$ 放大并反相，$VT_2$ 的输出加在施密特触发器 $VT_3$ 和 $VT_4$ 上，$VT_4$ 的集电极控制继电器激励级 $VT_5$。当 $VT_2$ 集电极电压超过施密特触发器的阈值时，$VT_3$ 导通，$VT_4$ 截止，$VT_5$ 加偏压截止，继电器的触点接通远光灯。当 $PC_1$ 受到迎面来车的光线照射时，其电阻下降，放大器 $VT_1$ 和 $VT_2$ 的输出低于施密特触发器的阈值，$VT_3$ 截止，$VT_4$、$VT_5$ 导通，继电器线圈有电流通过，从而接通近光灯丝，直到迎面来车驶过后继电器又接通远光灯丝。当脚踏变光开关 $S_1$ 踏下时，继电器断电，$VT_4$ 基极搭铁，前照灯始终使用远光灯丝。

3）昏暗自动发光控制。昏暗自动发光控制系统的功用是在行驶中，当车前的自然光的强度减低到一定程度时,自动将前照灯的电路接通,以确保行车安全,同时还有延时关灯的作用。

4)前照灯关闭自动延时控制装置。前照灯关闭自动延时控制装置的主要功能是当汽车夜间停入车库后,为驾驶员下车离开车库提供一段时间的照明,以免驾驶员摸黑走出车库时造成事故。图 5-13 所示为美国德克萨斯仪表公司采用的前照灯关闭自动延时控制电路。

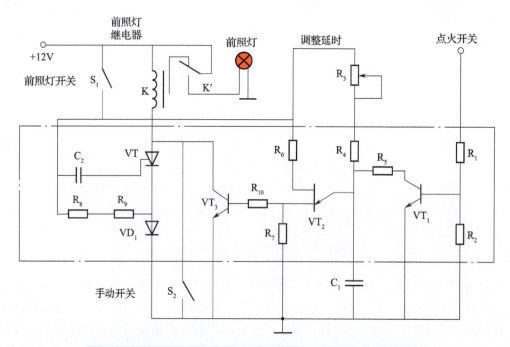

图 5-13  美国德克萨斯仪表公司采用的前照灯关闭自动延时控制电路

当汽车停驶切断点火开关时,晶体管 $VT_1$ 处于截止状态,此时电容器 $C_1$ 立即经 $R_3$、$R_4$ 开始充电,当 $C_1$ 上的电压达到单结晶体管 $VT_2$ 的导通电压时,$C_1$ 则通过其发射极、基极和电阻 $R_7$ 放电,于是在 $R_7$ 上产生一个电压脉冲,使晶体管 $VT_3$ 瞬时导通,消除加于晶闸管 VT 上的正向电压,使 VT 关断。随后,$VT_3$ 很快恢复截止,VT 还来不及导通,前照灯继电器 K 失电而使其触点 K′ 打开(图 5-13 所示位置),将前照灯电路切断,实现自动延时关灯的功能。

发动机熄火后,机油压力开关触点处于闭合状态,驾驶员在离开汽车驾驶室以前,按下仪表板上的前照灯延时按钮,电源就对电容 $C_1$ 充电。电容充电过程中,晶体管 VT 基极的电位升高,使晶体管导通,延时控制继电器线圈通电而使其触点闭合,接通了前照灯电路。松开前照灯延时开关后,由电容的放电维持晶体管的导通,前照灯保持通电照明,一直到电容电压下降至不能维持晶体管导通时,晶体管截止,继电器断电,前照灯熄灭。调整前照灯延时电路中的电容、电阻参数,就可改变前照灯延时关闭的时间。图 5-14 所示为一种由晶体管控制继电器的前照灯延时控制电路。

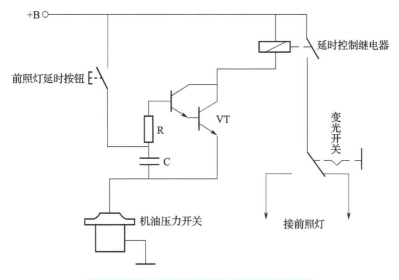

图 5-14　美国通用汽车前照灯延时控制电路

### 2. 雾灯

雾灯安装在汽车头部和尾部，在雾天、下雪、暴雨或尘埃弥漫等情况下，用来改善车前道路的照明情况。前雾灯功率为 45~55W，光色为橙黄色。后雾灯功率为 21W 或 6W，光色为红色，以警示尾随车辆保持安全间距。纯电动汽车的雾灯光源一般采用 LED 灯。

### 3. 牌照灯

牌照灯装于汽车尾部牌照上方或左、右两侧，用来照明后牌照，功率一般为 5~10W，确保行人在车后 20m 处看清牌照上的文字及数字。

### 4. 顶灯

轿车顶灯除用作车内照明（有的用作阅读灯）外，还可兼有监视车门是否可靠关闭的作用。在监视车门状态下，只要还有车门未可靠关紧，顶灯就发光。纯电动汽车的顶灯光源一般用 LED 灯。

### 5. 阅读灯

阅读灯装于乘客席前部或顶部，聚光时乘客看书不会给驾驶员产生眩目现象，照明范围较小，有的还有光轴方向调节机构。纯电动汽车的阅读灯光源一般也用 LED 灯，如吉利帝豪 EV450 的阅读灯与顶灯合成在一起，设有室内前顶灯总成（左侧阅读灯、右侧阅读灯）、中顶灯总成（左侧阅读灯、右侧阅读灯、门控灯），全是 LED 灯。

### 6. 行李舱灯

行李舱灯装于轿车或客车行李舱内，当开启行李舱盖时，灯自动发亮，照亮行李舱内空间，其功率为5W。

### 7. 门灯

门灯装于轿车外张式车门内侧底部，开启车门时，门灯发光，以警示后方行人、车辆注意避让，其功率为5W，光色为红色。

## 三 汽车灯光系统的信号系统

信号系统主要用于向他人或其他车辆发出警告和示意的信号，其主要的信号设备有转向信号灯、制动信号灯、危险警告信号灯及示宽灯、驻车灯等。

### 1. 汽车转向灯及闪光器

转向信号灯是用来指示车辆的行驶方向的，便于交通指挥，汽车上都有，简称转向灯。在汽车起步、超车、掉头和停车时，左侧或右侧的转向信号灯会发出明暗交替的闪光信号，以示汽车改变行驶方向。汽车的转向信号灯大都采用橙色，转向信号灯的闪光频率规定为60~120次/min范围内，一般为70~95次/min。转向信号灯每侧至少两个，包括前、后转向信号灯，有的还有侧转向信号灯。转向信号灯由转向开关控制。

转向信号灯电路主要由转向信号灯、闪光器、转向灯开关等组成。转向信号灯的闪烁是由闪光器控制的。许多汽车转向信号灯和示宽灯装在一起，采用双灯丝结构。功率高的是转向信号灯，以保证在示宽灯亮时，转向信号灯的闪烁仍然可以明显分辨。

常见闪光器有三类：电容式、翼片式和晶体管式，如图5-15所示。

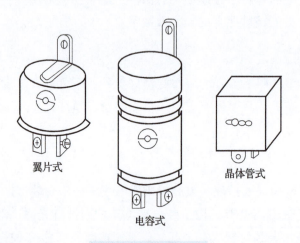

图5-15 常见闪光器

（1）电容式闪光器

它主要由继电器和电容组成，其基本结构如图5-16所示。

# 项目五 车辆灯光系统故障检修

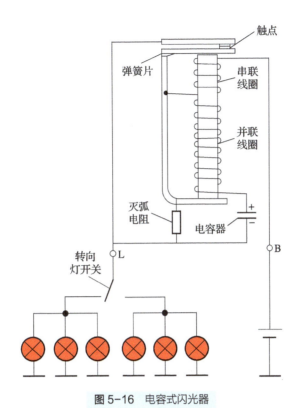

图 5-16 电容式闪光器

其工作原理是，在继电器的铁心上绕有串联线圈和并联线圈，利用电容器充放电时串联线圈和并联线圈中电流方向相同或相反以及延时的特性，串联线圈和并联线圈所产生的电磁力的大小和方向控制常闭触点进行周期的开闭动作，使转向信号灯因通过电流大小交替变化而闪烁。

当接通转向灯开关后电流回路①如下：

蓄电池＋→接线柱 B→串联线圈→触点→接线柱 L→转向灯开关→转向灯（左或右）→搭铁。

形成回路①，同时并联线圈、电容器及电阻被触点短路。串联线圈中的电流产生的电磁力将克服触点的弹簧力，使触点断开，此时转向灯还未来得及亮。触点断开后，蓄电池对电容器充电，其充电回路②如下：

蓄电池＋→接线柱 B→串联线圈→并联线圈→电容器→接线柱 L→转向灯开关→转向灯（左或右）→搭铁。

该充电回路中电流很小，且电阻的阻值很大，所以此时转向灯仍然不亮。

随着电容器逐渐充满电，回路②的充电电流逐渐减小，串联线圈和并联线圈中的电流产生的电磁力不足以克服弹簧的弹力，触点闭合。回路①接通，转向灯亮，同时电容器通过并联线圈和电阻构成放电回路。由于电容器的放电电流在并联线圈中的电流方向和串联线圈中的电流方向相反，此时电磁力合力不足以将活动触点吸下，触点保持闭合，转向灯继续亮着，随着电容器的放电电流逐渐减小，并联线圈中的电磁力也逐渐减小，电磁力合力逐渐增大,最终克服弹簧弹力,将触点断开,转向灯熄灭。如此进行周期反复,转向灯出现闪烁现象。

(2)翼片式闪光器

翼片式闪光器是利用电流的热效应,通过其热胀导通、冷缩断开,使翼片产生变形动作,控制触点开闭,使转向信号灯闪烁。其特点是结构简单、体积小、闪光频率稳定、监控作用明显、工作时伴有响声。翼片式闪光器又分为直热式和旁热式两种。

1)直热式。直热式闪光器的基本机构如图5-17所示。其工作原理是在汽车转向时,接通转向灯开关,电流回路如下:

蓄电池+→接线柱B→翼片→热膨胀条→活动触点→固定触点→接线柱L→转向灯开关→转向信号灯和指示灯→搭铁。

形成回路,转向信号灯立即发光。这时热膨胀条因通过电流而发热,膨胀伸长,翼片由自身的弹力而绷直,带动活动触点向上移动,使活动触点与固定触点分开,切断电流,于是转向信号灯熄灭。

2)旁热式。旁热翼片式闪光器的基本结构如图5-18所示。其工作原理是电阻丝一端与热膨胀条相连,另一端与固定触点相连,汽车转向时,接通转向灯开关,电流回路如下:

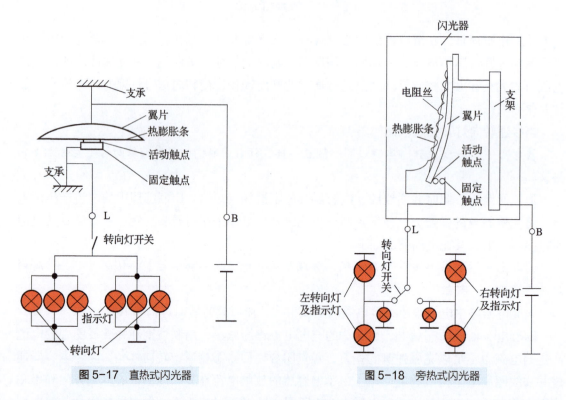

图5-17 直热式闪光器　　图5-18 旁热式闪光器

蓄电池+→接线柱B→支架→电阻丝→固定触点→接线柱L→转向灯开关→转向灯和指示灯→搭铁。

由于电阻丝阻值较大,电流很小,转向灯不亮。此时电流流经电阻丝产生热量,使热膨胀条膨胀伸长,翼片由自身的弹力而绷直,带动活动触点与固定触点接触闭合,形成回路如下:

蓄电池＋→接线柱B→支架→翼片→活动触点→固定触点→接线柱L→转向灯开关→转向灯和指示灯→搭铁。

回路电流增大,转向灯亮。同时电阻丝被翼片短路,电阻丝温度下降,使翼片变成弓形,带动活动触点与固定触点分离,电阻丝再次串入电路,如此反复变化使转向灯产生了闪烁信号。

(3)晶体管式闪光器

晶体管式闪光器具有性能稳定、可靠等优点,该类型闪光器又分为有触点式和无触点式。

1)有触点式晶体管闪光器(带继电器)。带继电器晶体管闪光器的基本结构如图5-19所示,由一个晶体管开关电路和一个继电器组成。其工作原理是,图中K为常闭触点,当磁化线圈K通电后,常闭触点K受电磁力作用断开,当接通转向灯开关,电流回路如下:

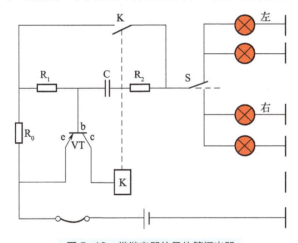

图5-19 带继电器的晶体管闪光器

蓄电池＋→$R_0$→常闭触点K→转向灯开关S→左转向灯(或右转向灯)→搭铁。

转向灯亮,此时电流流经$R_0$电阻时产生的压降,为晶体管VT提供了导通电压,VT导通,集电极电流$I_c$流经磁化线圈K,使常闭触点K断开,转向灯灭。$I_c$流经磁化线圈K的同时,基极电流$I_b$为电容器C提供充电电流。充电回路如下:

蓄电池＋→晶体管集电极e→晶体管基极b→电容器C→转向灯开关S→左转向灯(或右转向灯)→搭铁。

随着电容器逐渐充满电,充电电流$I_b$逐渐减小,$I_c$也逐渐减小,最终磁化线圈K中的电流产生的电磁力不足以吸下触点,常闭触点K闭合,转向灯再次亮起。同时$R_1$、$R_2$、C、K构成电容器的放电回路。随着放电电流的逐渐减小,VT再次导通,继电器控制常闭触点K不断地打开闭合,转向灯不停地闪烁。

2）无触点式晶体管闪光器。无触点式晶体管闪光器的基本结构如图 5-20 所示。其工作原理是，当接通转向灯开关后，电阻 $R_2$ 及 $R_1$ 与 C 串联的这两条电路为 $VT_1$ 提供了正向压降，$VT_1$ 导通，$VT_2$ 和 $VT_3$ 截止，此时转向灯不亮。随着电容 C 逐渐充满电，充电电流逐渐减小，$VT_1$ 由导通变为截止，A 点电位升高，达到 $VT_2$ 正向偏压时，$VT_2$ 导通，$VT_3$ 也随之导通，转向灯亮。同时，电容器经 $R_2$ 和 $R_1$ 构成的回路放电，之后电容器再次充电，$VT_1$ 再次导通，如此循环往复，转向灯达到闪烁的效果。

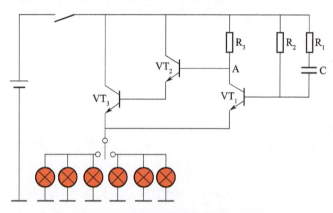

图 5-20　无触点式晶体管闪光器

### 2. 汽车倒车灯及控制电路

倒车灯安装在汽车尾部，当变速器挂倒档时点亮，照明车后侧，同时警示后方车辆、行人注意安全。其功率一般为 20～25W，光色为白色。倒车信号装置包括倒车灯和倒车报警器。

当汽车倒车时，为了警示车后的行人和其他车辆注意避让，在汽车的后部装有倒车灯和倒车蜂鸣器（或倒车语音报警器），它们均由装在变速器上的倒档开关控制，如图 5-21 所示。

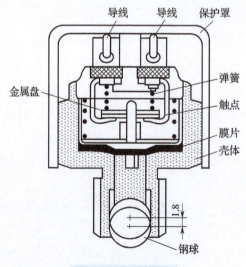

图 5-21　倒档开关

当变速杆挂入倒档时,在拨叉轴的作用下,倒档开关接通倒车报警器和倒车灯电路,从而发出声光倒车信号,如图 5-22 所示。

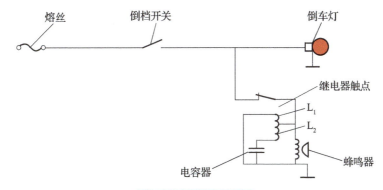

图 5-22　报警器电路

(1) 倒车蜂鸣器

如图 5-23 所示,当倒档开关闭合后,一方面倒车灯亮,另一方面倒车报警器也通电。由于继电器线圈 $L_1$ 和 $L_2$ 中的电流大小相等,方向相反,线圈电磁力抵消,继电器触点 4 保持闭合,所以倒车报警器蜂鸣器 5 发出声响。随着电容器 6 被 $L_2$ 中的电流充电,两端电压逐渐升高,$L_2$ 中的电流逐渐减小,当电流减小到一定程度时,两线圈电磁力差值就能克服触点的弹簧力吸开触点 4,使电路断开,蜂鸣器便停止发声。触点打开后电容器向两线圈放电,使触点继续断开,随着电容器的放电,其电压下降,两线圈电磁力差值变小,触点又闭合。

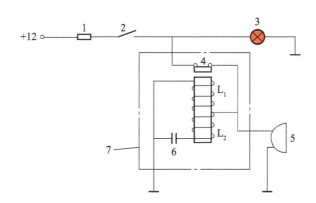

图 5-23　倒车警示信号电路

1—熔丝　2—倒档开关　3—倒车灯　4—继电器触点　5—倒车报警蜂鸣器
6—电容器　7—倒车蜂鸣继电器　$L_1$、$L_2$—继电器线圈

(2) 倒车语音报警器

在汽车倒车时,倒车语音报警器能重复发出"请注意,倒车!"等声音,以此提醒车后行人避开车辆而确保安全倒车。倒车语音报警器的典型电路如图 5-24 所示。$IC_1$ 是储存

有语音信号的集成电路，集成块 $IC_2$ 是功率放大集成电路，稳压二极管 VD 用于稳定语音集成块 $IC_1$ 的工作电压。为防止电源电压接反，在电源的输入端使用了由四个二极管组成的桥式整流电路，这样无论它怎样接入 12V 电源，均可保证电子电路正常工作。

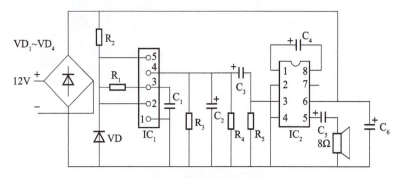

图 5-24　倒车语音报警器典型电路

当汽车挂入倒档时，倒车开关接通倒车报警电路，电源便由桥式整流电路输入语音倒车报警器，语音集成电路 $IC_1$ 的输出端便输出一定幅度的语音电压信号。此语音电压信号经 $C_2$、$C_3$、$R_3$、$R_4$、$R_5$ 组成的阻容电路消除杂音，改善音质，并耦合到集成电路 $IC_2$ 的输入端，经 $IC_2$ 功率放大后，通过蜂鸣器输出，即可发出清晰的"请注意，倒车！"等声音。

### 3. 汽车制动灯及控制电路

制动信号灯大多与后灯合为一体，用双丝灯泡或两个单丝灯泡制成，功率小的灯泡在下部，作为车后的红光标志，功率大的为制动信号灯。图 5-25 所示为制动灯控制电路，当踩下制动踏板时，制动信号灯开关合上，构成回路。

图 5-25　制动灯控制电路

## 四　纯电动汽车灯光系统的工作原理

### 1. 纯电动汽车灯光系统的组成

纯电动汽车吉利帝豪 EV450 灯光系统的组成，包括照明系统的前组合灯泡（近光、远光、日间行车灯）、后雾灯总成、牌照灯总成、室内前顶灯总成、室内中顶灯总成、杂物箱灯总成、行李舱灯总成等；信号系统包括前组合灯总成（转向灯、前位置灯）、后组合灯总成（制动灯、后位置灯、后转向灯、倒车灯）、高位制动灯总成等。各灯泡的功率及型号见表 5-3。

表 5-3　EV450 灯光系统的组成

| 部件名称 | 灯泡名称 | 灯泡型号 | 功率 |
| --- | --- | --- | --- |
| 前组合灯总成 | 近光 | H7 | 12V 55W |
|  | 远光 | HB3 | 12V 60W |
|  | 转向灯 | PY21W | 12V 21W |
|  | 前位置灯 | LED | — |
|  | 日间行车灯 | LED | — |
| 后组合灯总成 | 制动灯 | LED | — |
|  | 后位置灯 | LED | — |
|  | 后转向灯 | LED | — |
|  | 倒车灯 | LED | — |
| 高位制动灯总成 | 高位制动灯 | LED | — |
| 后雾灯总成 | 后雾灯 | LED | — |
| 牌照灯总成 | 牌照灯 | W5W | 12V 5W |
| 室内前顶灯总成 | 左侧阅读灯 | LED | — |
|  | 右侧阅读灯 | LED | — |
| 室内中顶灯总成 | 左侧阅读灯 | LED | — |
|  | 右侧阅读灯 | LED | — |
|  | 门控灯 | LED | — |
| 杂物箱灯总成 | 杂物箱灯 | C5W | 12V 5W |
| 行李舱灯总成 | 行李箱灯 | W5W | 12V 5W |
| 门灯座 | 门灯 | W3W | 12V 3W |
| 充电口灯总成 | 充电口照明灯 | LED | — |
|  | 充电指示灯 | LED | — |

## 2. 纯电动汽车灯光系统的认知

（1）EV450 灯光系统元件的位置

图 5-26、图 5-27 所示为吉利帝豪 EV450 的灯光系统具体位置示意图。

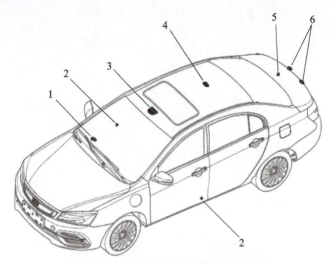

**图 5-26　EV450 的灯光系统示意图 1**
1—杂物箱灯　2—车门灯　3—前排阅读灯
4—后排阅读灯　5—行李舱灯　6—牌照灯

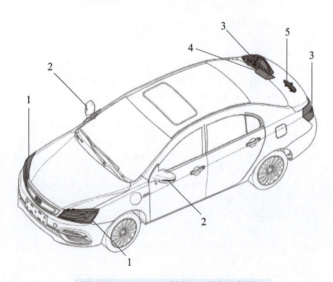

**图 5-27　EV450 的灯光系统示意图 2**
1—前组合灯总成　2—侧转向灯总成　3—后组合灯总成
4—后雾灯总成　5—高位制动灯总成

（2）照明系统的认知

1）前照灯。前照灯由转向柱左侧的多功能操纵杆控制，将前照灯开关转至第一个位置时，将点亮位置灯、牌照灯和仪表板照明灯；将前照灯开关转至第二个位置时，除点亮所有上述灯外，还点亮前照灯；在开关转至关闭位置时，关闭所有灯，如图 5-28 所示。

图 5-28 吉利帝豪 EV450 前照灯

前照灯的远光和近光也由该操纵杆控制。当前照灯接通时，将操纵杆向前推离，直到听到"咔嗒"声，即从近光变为远光。在前照灯远光接通时，组合仪表总成上的指示灯点亮。将操纵杆朝驾驶员方向拉回，则从远光变为近光。如果继续朝驾驶员方向拉，仍可以从近光变为远光，不过当手松开时，操纵杆会自动回到近光位置。

前照灯必须对光才能实现正确的路面照明。当安装新的前照灯总成时或者当对前端区域的维修可能已影响到前照灯总成或其安装座时，应检查前照灯对光。

2）前照灯未关提醒蜂鸣器。当前照灯开关处于前照灯接通或位置灯接通位置时，同时操作启动开关，使电源模式不在"ACC（附件）""ON（接通）"或"START（启动）"位置，此时车身控制模块监测驾驶员车门状态，如果左前门打开，车身控制模块将使蜂鸣器鸣响。如果前照灯关闭后，车身控制模块将检测不到前照灯开关处于打开状态，蜂鸣器不鸣响。

3）雾灯。吉利帝豪 EV450 车辆未配备前雾灯，仅配备有后雾灯。后雾灯开关位于转向柱左侧的多功能操纵杆上。当使用后雾灯时，必须先开启近光或远光灯，并转动多功能操纵杆至后雾灯档位，仪表上的指示灯点亮，指示后雾灯已经接通。关闭后雾灯，同时指示灯熄灭，如图 5-29 所示。

图 5-29 吉利帝豪 EV450 后雾灯

4）日间行车灯。当驱动电机旋转时，日间行车灯应该自动点亮，此功能应可以通过诊断仪配置。日间行车灯应在前照灯打开时自动熄灭，但在前照灯只是进行短暂间隔的间歇闪烁警示时不熄灭（远光灯点亮时间小于 700ms 视为间歇闪烁警示），如图 5-30 所示。

图 5-30 吉利帝豪 EV450 日间行车灯

5）牌照灯。牌照灯在前照灯或位置灯开启时点亮。牌照灯安装在牌照板上方，如图 5-31 所示。

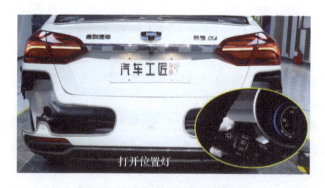

图 5-31 吉利帝豪 EV450 牌照灯

6）充电口照明灯。充电口照明灯位于充电口，当车辆充电口盖打开时，它可以提供照明，方便车辆充电。

（3）信号系统的认知

1）位置灯和转向信号灯。将照明开关转至第一个位置即可开启位置灯，操作启动开关使电源模式至 OFF 状态即可关闭位置灯。在启用转向信号灯时，前后转向信号灯和侧转向信号灯闪烁，发出转向信号。转向信号灯仅在电源模式至 ON 状态时工作，转向信号灯由转向柱左侧的灯开关控制，往上或往下拨动操纵杆（超过止动点）将点亮前后和侧转向信号灯。在转弯结束后，操纵杆返回水平位置，转向信号灯停止闪亮，如图 5-32 所示。

在变道或转小弯时，转向盘转角不大，可能无法取消转向信号，因此仅将信号操纵杆转至一个止动位置并保持在此位置。当操纵杆松开后，操纵杆返回水平位置，转向信号即被取消。

当遥控防盗系统工作时，BCM 可以控制转向指示灯闪烁，表明遥控防盗系统的工作状态。

2）后组合灯。后位置灯、制动灯和转向信号灯为一个总成，后雾灯和倒车灯为一个总成，接通位置灯开关时点亮后位置灯，如图 5-33 所示。中央高位制动灯位于后风窗中下部，踩下制动踏板时点亮。

图 5-32　吉利帝豪 EV450 转向信号灯　　　图 5-33　吉利帝豪 EV450 制动灯

3）倒车灯。倒车灯位于后保险杠上，当变速杆处于倒档时将点亮。倒车灯由 BCM 发出指令操纵接通和关闭，如图 5-34 所示。

图 5-34　吉利帝豪 EV450 倒车灯

### 3. 吉利帝豪 EV450 灯光的工作原理

（1）前照灯工作原理

当灯光组合开关打到"前照灯"档时，工作电压由组合开关线束插接器输出来驱动前照灯继电器吸合，点亮前照灯。前照灯供电电压被传送到前照灯光轴调节开关和左、右前照灯光轴调节电机，此时上下拨动调节开关能改变调节电机的信号电压，从而实现前照灯的高度调节功能。如图 5-35 所示，当 BCM（中央集控器）监测到灯光组合开关线束插接器有电压，则说明开关处在"AUTO"（自动灯），此时 BCM 会监测来自环境光线传感器的信号，如果环境光照不强，BCM 会通过线束插接器输出电压来驱动前照灯继电器吸合，自动点亮前照灯；当环境光照增强时，BCM 会切断线束插接器的电压输出，从而实现前照灯自动关闭；当灯光组合开关切换到远光位置时，通过线束插接器控制接地来驱动远光灯继电器吸合点亮远光灯，同时远光灯供电电压被传送到仪表，点亮仪表内的远光指示灯。远光灯继电器的工作电压来自前照灯供电电路。

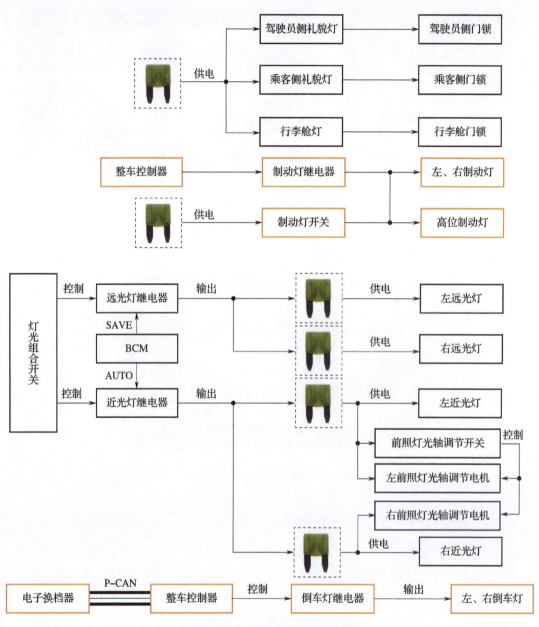

图 5-35 灯光系统的工作原理图

（2）位置灯工作原理

当灯光组合开关打到"位置灯"档，开关信号通过组合开关的线束插接器端子输出工作电压来驱动位置灯继电器吸合，以点亮所有位置灯、仪表背光照明灯以及牌照灯。

（3）昼行灯工作原理

BCM 线束插接器端子输出工作电压来驱动昼行灯继电器吸合，点亮昼行灯。同时此电压被传送到仪表点亮昼行灯指示灯。

（4）后雾灯工作原理

当近光或远光灯开启后，开关会控制位置灯继电器工作并将驱动电源输送至后雾灯继电器。当后雾灯开关闭合时，开关提供位置灯继电器输出的电压来驱动后雾灯继电器闭合点亮后雾灯，同时此电压被传送到仪表点亮后雾灯指示灯。

（5）转向灯工作原理

多功能操纵杆控制灯光组合开关线束插接器端子的接地电路，此接地信号传送至BCM。BCM通过线束插接器输出电压分别点亮左、右转向灯。当按下危险警告灯按钮时，BCM同时向这两条电路输出电压，同时点亮所有转向灯。

（6）制动灯工作原理

制动灯受布置于制动踏板上的制动灯开关控制，当制动踏板被踩下时工作电压通过开关直接加在制动灯灯泡上。

（7）倒车灯工作原理

电子换档线束插接器输出工作电压来驱动倒车灯继电器吸合点亮倒车灯，仪表倒车档位信息通过CAN网络接收显示。

（8）室内门控灯工作原理

当后排阅读灯开关处于"DOOR"档，后排阅读灯的电源来自BCM线束插接器。当车门打开时，门控开关搭铁电路接通，使后排阅读灯点亮。迎宾灯的电源来自熔丝，当车门打开时，门控开关搭铁电路接通，使迎宾灯点亮。行李舱灯的电源来自熔丝，当行李舱门打开时，门控开关搭铁电路接通，使行李舱灯点亮。

## 五 项目实施

### 实施准备

安全防护：做好车辆安全防护与隔离（车辆挡块、警示隔离带、高压危险警示牌）
个人防护：绝缘鞋、绝缘帽、绝缘手套、护目镜
工具设备：数字万用表、解码器、放电工装
实训车辆：吉利 EV450
辅助资料：翼子板护垫三件套、汽车内饰护套

### 任务一　转向灯不亮故障检修

⚠ **情景引入**：一辆行驶里程约 6 万 km 的吉利帝豪 EV450，客户王先生反映该车左转向灯不工作，经检查，此车在打开左转向灯开关时左转向灯不亮。

## 1. 转向灯电路分析

如图5-36所示,当打左转向灯的时候,多功能操纵杆控制灯光组合开关线束插接器端子IP38/11、IP38/12的搭铁电路,此搭铁信号传送至BCM。BCM通过线束插接器输出电压分别点亮左转向灯。当按下危险警告灯按钮时,BCM同时向这两条电路输出电压,同时点亮所有转向灯,如图5-37所示,各线束插接器含义见表5-4。

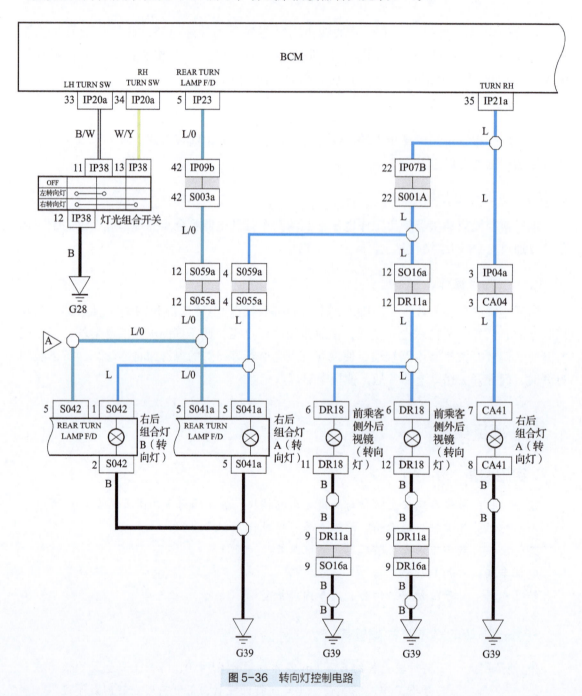

图5-36 转向灯控制电路

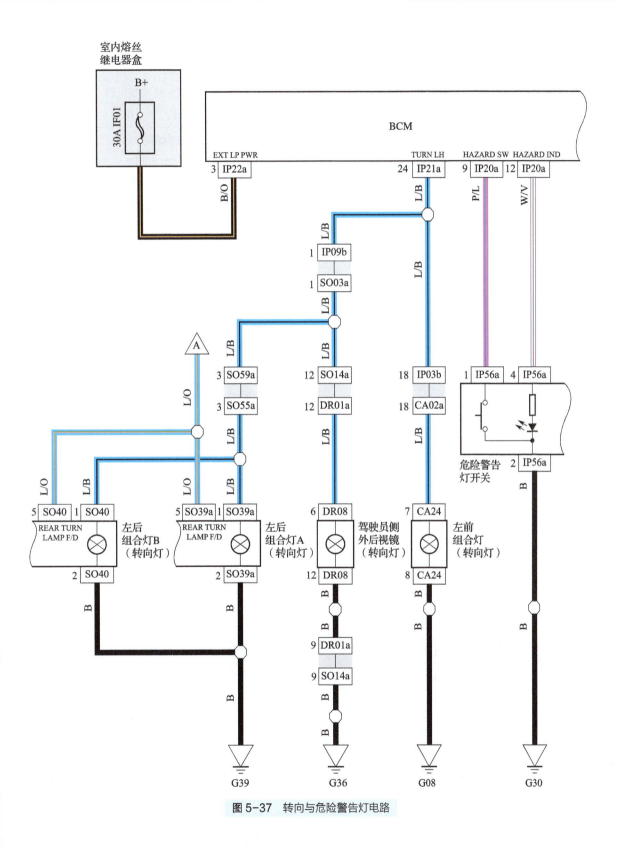

图 5-37 转向与危险警告灯电路

表 5-4 转向灯控制电路插接器的代号及名称

| 线束插接器 | 名称 |
| --- | --- |
| IP09b | 仪表线束接底板线束插接器 3 |
| IP20a | 车身控制模块线束插接器 1 |
| IP21a | 车身控制模块线束插接器 2 |
| IP22a | 车身控制模块线束插接器 3 |
| IP38 | 灯光组合开关线束插接器 |
| SO03a | 底板线束接仪表线束插接器 3 |
| SO47a | 后雾灯线束插接器 |
| SO55a | 行李舱线束接底板线束插接器 |
| SO56 | 行李舱线束接后雾灯线束插接器 |
| SO58 | 后雾灯线束对接行李舱线束插接器 |
| SO59a | 底板对接行李舱线束插接器 |
| CA02a | 前机舱线束接仪表线束插接器 2 |
| CA24 | 左前组合灯线束插接器 |
| DR1a | 驾驶员门线束接底板线束插接器 1 |
| DR08 | 驾驶员侧外后视镜线束插接器 |
| IP03b | 仪表线束接前机舱线束插接器 2 |
| IP09b | 仪表线束接底板线束插接器 3 |
| IP20a | 车身控制模块线束插接器 1 |
| IP21a | 车身控制模块线束插接器 2 |
| IP22a | 车身控制模块线束插接器 3 |
| IP56a | 危险报警开关线束插接器 |
| SO03a | 底板线束接仪表线束插接器 3 |
| SO14a | 底板线束接驾驶员门线束插接器 1 |
| SO39a | 左后组合灯线束插接器 A |
| SO40 | 左后组合灯线束插接器 B |
| SO55a | 行李舱线束接底板线束插接器 |
| SO59a | 底板对接行李舱线束插接器 |

### 2. 故障诊断与排除

1）使用故障诊断仪读取故障码。操作启动开关至 ON 状态，连接故障诊断仪，读取系统故障码，确认系统是否存在故障码。

2）检查左转向灯。打开危险警告灯开关，观察其他转向灯，确认其他转向灯是否正常点亮。检查左转向灯是否烧蚀或损坏，若损坏更换左转向灯。

3）检查左前转向灯 CA24 端子 7 的电压。如图 5-38 所示，打开点火开关，检测左前转向灯 CA24 端子 7 的电压。电压标准值：11~14V，确认电压是否符合标准值。

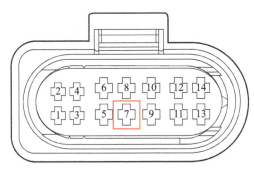

图 5-38　检查左前转向灯 CA24 端子 7 的电压

4）检查左前转向灯 CA24 端子 7 与 BCM 线束插接器 P21a 端子 24 之间线路。检测左前转向灯 CA24 端子 7 与 BCM 线束插接器 IP21a 端子 24 之间的电阻，电阻标准值：小于 1Ω，确认电阻值是否符合标准值，如图 5-39 所示。

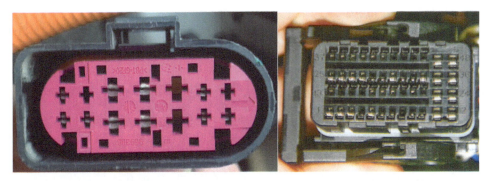

a）CA24　　　　　　　　　　　b）IP21a

图 5-39　检查左前转向灯 CA24 端子 7 与 BCM 线束插接器 P21a 端子 24 之间线路

5）检查左前转向灯 CA24 端子 7 与 BCM 线束插接器 P21a 端子 24 之间断路或短路故障。确认左前转向灯 CA24 端子 7 与 BCM 线束插接器 IP21a 端子 24 之间的线路故障修复完成。确认转向灯是否正常工作。

6）检测近光灯线束插接器 CA24 端子 8 和车身搭铁之间的电阻。断开近光灯线束插接器 CA24，测量近光灯线束插接器 CA24 端子 8 和车身搭铁之间的电阻。电阻标准值：小于 1Ω，确认电阻是否符合标准值。

7）检修近光灯线束插接器 CA24 端子 8 和车身搭铁之间的断路故障。确认近光灯线束插接器 CA24 端子 8 和车身搭铁之间的断路故障修复完成，确认近光灯是否正常工作。

8）检测灯光组合开关 IP38 端子 12 与车身搭铁之间的电阻。断开灯光组合开关 IP38，测量灯光组合开关 IP38 端子 12 和车身搭铁之间的电阻，如图 5-40 所示。电阻标准值：小于 1Ω，确认电阻是否符合标准值。

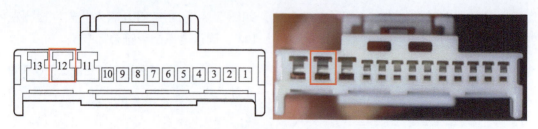

图 5-40　检测灯光组合开关 IP38 端子 12 与车身搭铁之间的电阻

9）检修灯光组合开关 IP38 端子 12 和车身搭铁之间的断路故障。确认灯光组合开关 IP38 端子 12 和车身搭铁之间的断路故障修复完成，确认近光灯是否正常工作。

10）测量灯光组合开关线束插接器 IP38 端子 11 与 BCM 线束插接器 IP20a 端子 33 之间是否导通。电阻标准值：小于 1Ω，确认电阻是否符合标准值，如图 5-41 所示。

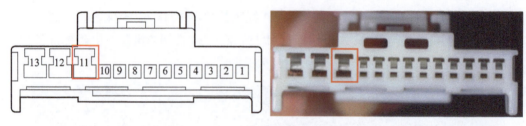

a）IP38

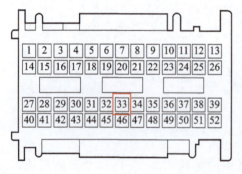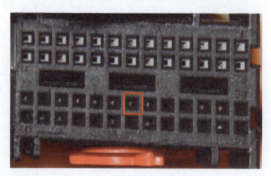

b）IP20a

图 5-41　灯光组合开关线束插接器与 BCM 线束插接器

11）更换灯光组合开关。上述维修若还不能解决问题，请更换组合开关，更换后确认转向灯是否正常工作。

12）更换 BCM。更换组合开关后转向灯如果不能正常工作，则更换 BCM。

## 任务二　雾灯不亮故障检修

**情景引入**：一辆行驶里程约 4 万 km 的吉利帝豪 EV450，客户李先生反映该车后雾灯不亮。

## 1. 后雾灯控制电路分析

当近光或远光灯开启后,灯光组合开关会控制位置灯继电器工作并将驱动电源输送至后雾灯继电器。当后雾灯开关闭合时,如图 5-42 所示,灯光组合开关 IP38/5 和 IP38/7 接合,开关提供位置灯继电器输出的电压来驱动后雾灯继电器闭合点亮后雾灯,同时此电压被传送到仪表点亮后雾灯指示灯。线束插接器的代号及名称见表 5-5。

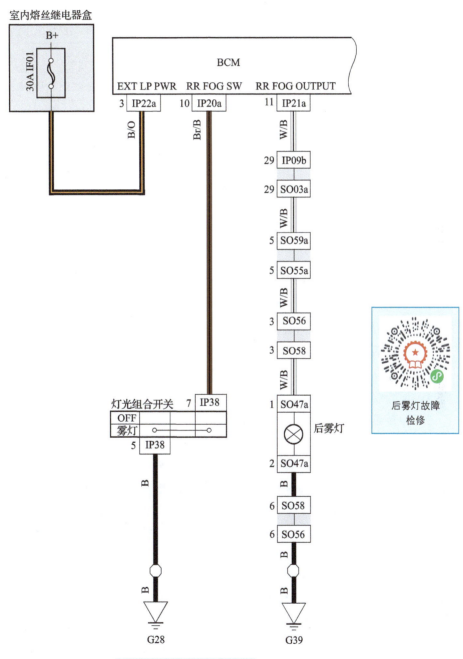

图 5-42 后雾灯控制电路

表 5-5　后雾灯线束插接器的代号及名称

| 线束插接器 | 名称 |
| --- | --- |
| IP09b | 仪表线束接底板线束插接器 3 |
| IP20a | 车身控制模块线束插接器 1 |
| IP21a | 车身控制模块线束插接器 2 |
| IP22a | 车身控制模块线束插接器 3 |
| IP38 | 灯光组合开关线束插接器 |
| SO03a | 底板线束接仪表线束插接器 3 |
| SO47a | 后雾灯线束插接器 |
| SO55a | 行李舱线束接底板线束插接器 |
| SO56 | 行李舱线束接后雾灯线束插接器 |
| SO58 | 后雾灯线束对接行李舱线束插接器 |
| SO59a | 底板对接行李舱线束插接器 |

2. 故障诊断与排除

1）使用故障诊断仪读取故障码。将启动开关置于 ON 状态，连接故障诊断仪，读取系统故障代码，确认系统是否存在故障码。

2）检查后雾灯。拆卸后雾灯，确认后雾灯是否正常。

3）更换有故障的后雾灯。更换有故障的后雾灯，确认后雾灯是否工作正常。

4）检查熔丝 IF01。检查熔丝 IF01 是否熔断。

5）检查熔丝 IF01 线路。检查熔丝 IF01 线路短路故障，进行线路修理；确认没有线路短路现象，更换额定电流的熔丝，熔丝的额定值为 30A，确认后雾灯是否正常工作。

6）检查后雾灯 SO47a 端子 1 与车身控制模块（BCM）线束插接器 IP21a 端子 11 之间线路。操作启动开关使电源模式至 OFF 状态，测量后雾灯 SO47a 端子 1 与车身控制模块（BCM）线束插接器 IP21a 端子 11 之间的电阻，如图 5-43 所示。电阻标准值：小于 1Ω，确认电阻是否符合标准值。如果电阻值符合要求，需要检修车身控制模块 BCM，必要时更换 BCM。

7）检查后雾灯 SO47a 端子 1 与车身控制模块（BCM）线束插接器 IP21a 端子 11 之间线路。确认 SO47a 端子 1 与车身控制模块（BCM）线束插接器 IP21a 端子 11 之间线路断路故障修复完成，确认后雾灯是否正常工作。

8）检修后雾灯 SO47a 端子 2 与车身搭铁之间的线路。测量后雾灯 SO47a 端子 2 与车身搭铁之间的电阻。电阻标准值：小于 1Ω，确认电阻是否符合标准值。

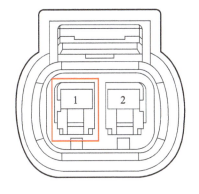
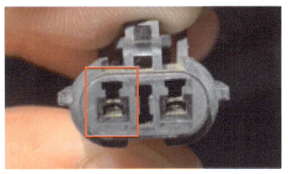

a）SO47a

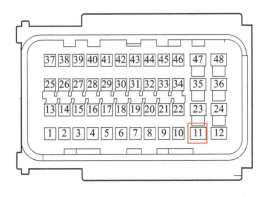

b）IP21a

图 5-43 后雾灯线束插接器与车身控制模块插接器

9）检修后雾灯 SO47a 端子 2 与车身搭铁之间的断路故障。确认后雾灯 SO47a 端子 2 与车身搭铁之间线路故障修复完成，确认后雾灯是否正常工作。

10）测量灯光组合开关线束插接器 IP38 端子 7 与 BCM 线束插接器 IP20a 端子 10 之间是否导通。测量灯光组合开关线束插接器 IP38 端子 7 与 BCM 线束插接器 IP20a 端子 10 之间的电阻，如图 5-44 所示。电阻标准值：小于 1Ω，确认电阻是否符合标准值。

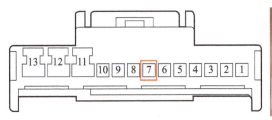
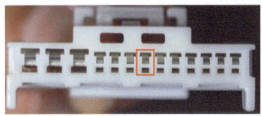

a）IP38

图 5-44 灯光组合开关线束插接器与 BCM 线束插接器

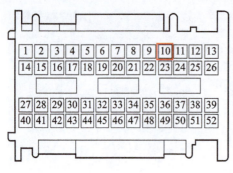 

b）IP20a

图5-44　灯光组合开关线束插接器与BCM线束插接器（续）

11）检修组合开关IP38端子7与车身控制模块（BCM）线束插接器IP20a端子10之间线路断路或短路故障。确认组合开关IP38端子7与车身控制模块（BCM）线束插接器IP20a端子10之间线路故障修复完成，确认后雾灯是否正常工作。

12）检修组合开关IP38端子5与车身搭铁之间的线路。测量组合开关IP38端子5与车身搭铁之间的电阻。电阻标准值：小于1Ω，确认电阻是否符合标准值。

13）检修组合开关IP38端子5与车身搭铁之间的断路故障。确认组合开关IP38端子5与车身搭铁之间线路故障修复完成，确认后雾灯是否正常工作。

14）更换组合开关。更换组合开关，确认远光灯是否正常工作。

15）更换BCM。必要时更换BCM。

## 任务三　前照灯自动开启不工作故障检修

⚠ **情景引入**：一辆行驶里程约7万km的吉利帝豪EV450，客户赵先生反映该车前照灯自动开启不工作。经检查，该车位置灯和远光灯正常。

### 1. 前照灯控制电路分析

当灯光组合开关打到"前照灯"档时，工作电压由组合开关线束插接器输出来驱动前照灯继电器吸合，点亮前照灯，如图5-45所示。

前照灯供电电压被传送到前照灯光轴调节开关和左、右前照灯光轴调节电机，此时上下拨动调节开关能改变调节电机的信号电压，从而实现前照灯的高度调节功能，如图5-46所示。当BCM（中央集控器）监测到灯光组合开关线束连接器有电压，则说明开关处在"AUTO"（自动灯），即图5-45所示IP38/1、IP38/3连接，此时BCM会监测来自环境光线传感器的信号，如果环境光照不强，BCM会通过线束插接器输出电压来驱动前照灯继电器吸合，自动点亮前照灯。当环境光照增强时，BCM会切断线束插接器的电压输出，从而实现前照灯自动关闭。当灯光组合开关切换到远光位置时，通过线束插接器控制搭铁来驱动远光灯继电器吸合点亮远光灯，同时远光灯供电电压被传送到仪表，点亮仪表内的远光指示灯。远光灯继电器的工作电压来自前照灯供电电路，电路各插接器含义见表5-6。

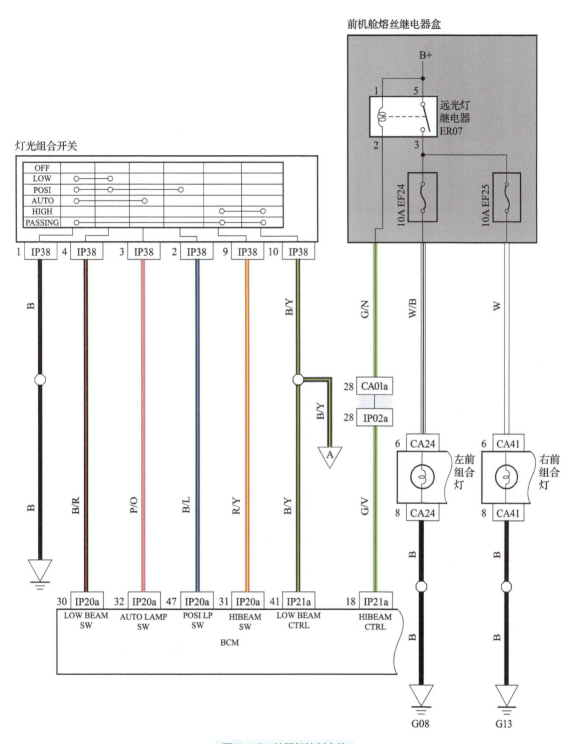

图 5-45 前照灯控制电路

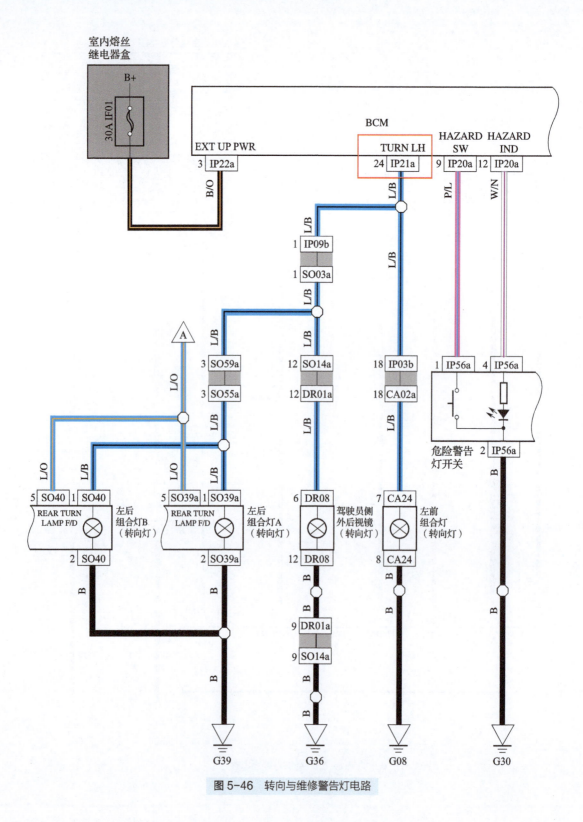

图 5-46 转向与维修警告灯电路

表 5-6　各插接器及含义

| 线束插接器 | 名称 |
| --- | --- |
| CA02a | 前机舱线束接仪表线束插接器 2 |
| CA24 | 左前组合灯线束插接器 |
| DR01a | 驾驶员门线束接底板线束插接器 1 |
| DR08 | 驾驶员侧外后视镜线束插接器 |
| IP03b | 仪表线束接前机舱线束插接器 2 |
| IP09b | 仪表线束接底板线束插接器 3 |
| IP20a | 车身控制模块线束插接器 1 |
| IP21a | 车身控制模块线束插接器 2 |
| IP22a | 车身控制模块线束插接器 3 |
| IP56a | 危险警报开关线束插接器 |
| S003a | 底板线束接仪表线束插接器 3 |
| S014a | 底板线束接驾驶员门线束插接器 1 |
| S039a | 左后组合灯线束插接器 A |
| S040 | 左后组合灯线束插接器 B |
| S055a | 行李舱线束接底板线束插接器 |
| S059a | 底板对接行李舱线束插接器 |
| A | 连接至 BCMIP23-5 |

## 2. 故障诊断与排除

1）使用故障诊断仪读取故障码。操作启动开关置于 ON 状态，连接故障诊断仪，读取系统故障代码，确认系统是否存在故障码。

2）检查近光灯和位置灯是否工作。

3）检查熔丝 IF25。检查熔丝 IF25 是否熔断。

4）检修熔丝 IF25 线路。检查熔丝 IF25 线路是否有短路故障，进行线路修理，确认没有线路短路现象，更换额定电流的熔丝，熔丝的额定值为 10A，确认远光灯是否正常工作。

5）测量环境光传感器 IP59 端子 2 的电压。操作启动开关使电源模式为 ON 状态，测量环境光传感器 IP59 端子 2 电压，如图 5-47 所示。电压标准值：11~14V，操作启动开关使电源模式为 OFF 状态，确认电压是否符合标准值。

6）检修环境光传感器 IP59 端子 2 与熔丝 IF25 的线路断路故障。确认熔丝 IF25 与环境光传感器 IP59 端子 2 之间的线路断路故障修复完成，确认前照灯自动开启是否正常工作。

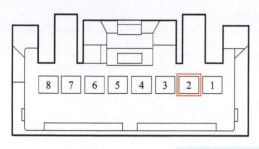 

图 5-47　环境光传感器线束插接器

7）检查环境光传感器 IP59 端子 7 与车身搭铁之间的线路。测量环境光传感器 IP59 端子 7 与车身搭铁之间的电阻，电阻标准值：小于 1Ω，确认电阻是否符合标准值。

8）检修环境光传感器 IP59 端子 7 与车身搭铁之间断路故障。确认环境光传感器 IP59 端子 7 与车身搭铁之间的断路故障修复完成，确认前照灯自动开启是否正常工作。

9）测量 BCM 线束插接器 IP20a 端子 38 的电压。改变周围环境光的亮度，测量 BCM 线束插接器 IP20a 端子 38 的电压是否在以下范围内变化，电压标准值：0～5V，确认电压是否符合标准值。

10）检查 BCM 线束插接器 IP20a 端子 38 与环境光传感器 IP59 端子 6 之间的线路。如图 5-48 所示，测量 BCM 线束插接器 IP20a 端子 38 与环境光传感器 IP59 端子 6 之间的电阻，电阻标准值：小于 1Ω。测量 BCM 线束插接器 IP20a 端子 38 与车身搭铁之间的电阻，电阻标准值：大于等于 10kΩ，确认电阻是否符合标准值。

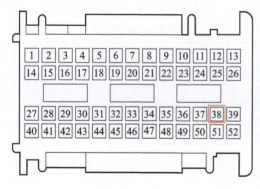 

a）IP20a

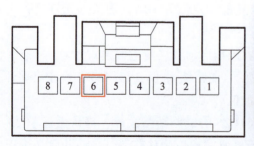 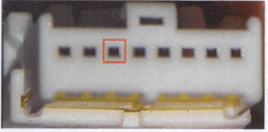

b）IP59

图 5-48　BCM 线束插接器端子与环境光传感器端子

11）检修 BCM 线束插接器 IP20a 端子 38 与环境光传感器 IP59 端子 6 之间断路或短路故障。确认 BCM 线束插接器 IP20a 端子 38 与环境光传感器 IP59 端子 6 之间的线路故障修复完成，确认前照灯自动开启是否正常工作。

12）检测灯光组合开关 IP38 端子 1 与车身搭铁之间的电阻。断开灯光组合开关 IP38，测量灯光组合开关 IP38 端子 1 和车身搭铁之间的电阻，电阻标准值：小于 1Ω，确认电阻是否符合标准值。

13）检修灯光组合开关 IP38 端子 1 和车身搭铁之间的断路故障。确认灯光组合开关 IP38 端子 1 和车身搭铁之间的断路故障修复完成，确认近光灯是否正常工作。

14）检查灯光组合开关 IP38 端子 3 与 BCM 线束插接器 IP20a 端子 32 之间的线路。如图 5-49 所示，测量灯光组合开关 IP38 端子 3 与 BCM 线束插接器 IP20a 端子 32 之间的电阻，电阻标准值：小于 1Ω。测量灯光组合开关 IP38 端子 3 与车身搭铁之间的电阻，测量 BCM 线束插接器 IP20a 端子 32 与车身搭铁之间的电阻，电阻标准值：大于等于 10kΩ，确认电阻是否符合标准值。

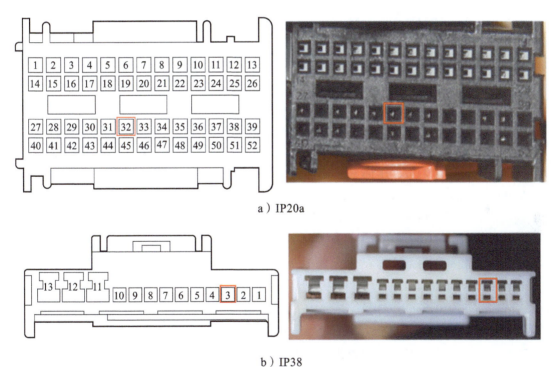

a）IP20a

b）IP38

图 5-49　灯光组合开关线束插接器与 BCM 线束插接器

15）检修灯光组合开关 IP38 端子 3 与 BCM 线束插接器 IP20a 端子 32 之间断路或短路故障。确认灯光组合开关 IP38 端子 3 与 BCM 线束插接器 IP20a 端子 32 之间的线路故障修复完成，确认前照灯自动开启是否正常工作。

16）更换组合开关。

17）更换 BCM。

## 复习题

### 1. 判断题

（1）汽车前照灯光学系统一般由光源（灯泡）、反射镜、配光镜（散光镜）三部分组成。（　　）

（2）前照灯俗称前大灯或头灯，主要用于夜间行车时道路照明，灯光为黄色。（　　）

（3）卤素灯泡是在惰性气体中渗入卤族元素，使其防眩目。（　　）

（4）汽车会车时应采用远光灯，无对面来车时采用近光灯。（　　）

（5）前照灯应使驾驶员能看清车前100m或更远距离以外路面上的任何障碍物。（　　）

（6）汽车上除照明灯外，还有用以指示其他车辆或行人的灯光信号标志，这些灯称为信号灯。（　　）

（7）牌照灯属于信号及标志用的灯具。（　　）

（8）汽车转向灯主要是用来指示车辆的转弯方向，以引起交通民警、行人和其他驾驶员的注意，提高车辆行驶的安全性。（　　）

（9）前照灯包括远光灯和近光灯两个灯丝，远光灯用于保证车前道路50m以上明亮均匀的照明，功率一般为50～60W。（　　）

（10）信号系统包括前组合灯总成（转向灯、前位置灯）、后组合灯总成（制动灯、后位置灯、后转向灯、倒车灯）、高位制动灯总成等。（　　）

### 2. 选择题

（1）反射镜一般由薄钢板冲压而成或由玻璃、塑料制成，其厚度通常为（　　）。
　　A. 0.6～0.8mm　　　　B. 1～2mm　　　　C. 3～4mm

（2）控制转向灯闪光频率的是（　　）。
　　A. 转向灯开关　　　B. 点火开关　　　　C. 蓄电池　　　　D. 闪光器

（3）下列关于汽车照明系统的叙述不正确的是（　　）。
　　A. 前照灯的光源是灯泡
　　B. 充气灯泡采用钨丝作灯丝，灯泡内充以氩和氮的混合惰性气体
　　C. 反射镜可使光线向较宽的路面散射
　　D. 配光镜也称散光玻璃，由透明玻璃压制而成，是透镜和棱镜的组合体

（4）转向信号灯的最佳闪光频率应为（　　）。
　　A. 40～60次/min　　　　　　　　B. 70～90次/min
　　C. 100～120次/min　　　　　　　D. 20～40次/min

（5）倒车灯的灯光颜色为（　　）色。
　　A. 红　　　　　B. 黄　　　　　C. 白　　　　　D. 橙

（6）制动灯的灯光颜色应为（　　）色。
　　A. 红　　　　　B. 黄　　　　　C. 白　　　　　D. 橙

## 3. 简答题

（1）汽车上闪光器的功用是什么？


（2）电子式闪光器有哪些优点？


## 4. 任务实施考核

| 作业内容 | 评分要点（各竞赛环节漏项或累计最多扣相应配分） | 配分 | 扣分 | 判罚依据 |
| --- | --- | --- | --- | --- |
| 人物安全 | □ 未按实训要求着装的扣10分<br>□ 举升车辆或上电未有效警示他人的每次扣10分<br>□ 可能构成设备损坏或人身伤害的操作每次扣10分 | 10 | | |
| 设备使用 | □ 未检查绝缘手套密封性的扣10分<br>□ 未检查工具、仪器外观损伤的扣10分<br>□ 使用万用表前未进行电阻校准的扣10分<br>□ 未检查数字万用表的电阻量程（校零）的扣10分<br>□ 未检查耐磨手套、护目镜、安全帽外观损伤的扣10分<br>□ 工具仪器使用不合理、跌落或未合理归位的每次扣10分 | 20 | | |
| 团队协作 | □ 出现两条作业主线的每次扣1分<br>□ 小组内部缺乏交流的每次扣1分<br>□ 小组分工不明、配合混乱的每次扣1分 | 20 | | |
| 作业要求 | □ 故障判断遗漏的，每个故障点扣10分<br>□ 未同步记录作业过程的每次扣10分<br>□ 记录数据与测量数据不符的每次扣10分<br>□ 使用万用表、示波器前未断电被老师制止的每次扣10分 | 40 | | |
| 现场恢复 | □ 未关闭驾驶员侧车窗的扣10分<br>□ 未拆卸翼子板布、格栅布的扣10分<br>□ 未拆卸车内四件套并丢弃到垃圾桶的扣10分<br>□ 未移除高压警示标识等到指定位置的扣10分<br>□ 未恢复工位到原标准工位布置状态的扣10分<br>□ 未将钥匙、诊断报告放至指定位置的扣1分 | 10 | | |
| 追加处罚 | □ 未执行高压作业断电流程被裁判制止的每次扣30分<br>□ 断电时未有效佩戴绝缘手套、护目镜的每次扣30分<br>□ 断电前未关闭启动开关、未妥善保管智能钥匙的每次扣30分<br>□ 断电前未断开辅助蓄电池负极、未做安全防护的每次扣30分<br>□ 断电未正确拔下直流母线插头、未做安全防护的每次扣30分<br>□ 未按正确安全操作程序，损伤、损毁车辆或竞赛设备，视情节扣50分，造成特别严重安全事故的终止比赛，成绩记0分<br>□ 未按正确安全操作程序，造成人员伤害，视情节扣20~50分，造成特别严重安全事故的终止比赛，成绩记0分<br>说明：追加处罚不配分只扣分，至职业素养和操作规范扣完为止。 | | | |

# 项目六　车辆舒适系统故障检修

新能源汽车整车
控制系统检修

## 项目导入

一辆行驶里程约 4 万 km 的吉利帝豪 EV450，客户李先生反映该车电动车窗无法升降，要求检修。

## 教学目标

**知识目标：**

1）掌握汽车门锁系统的功用与组成。
2）掌握无钥匙进入启动系统部件名称和结构。
3）掌握汽车电动车窗的功用、原理。
4）掌握汽车后视镜的结构与工作原理。

**能力目标：**

1）能对新能源汽车的门锁系统进行故障分析、诊断。
2）能对新能源汽车的无钥匙进入系统进行故障分析、诊断。
3）能对新能源汽车的电动车窗系统进行故障分析、诊断。

**素质目标：**

1）严格执行车辆舒适系统的检修规范，养成科学严谨的工作态度。
2）培养团结协作精神。
3）严格执行 6S 标准。

 中控门锁系统

汽车门锁是锁止汽车车门的机构。汽车门锁是汽车防盗的第一步，它可使驾驶员更加方便、安全地使用汽车。

### 1. 中控门锁的功能

汽车中控门锁主要是采用电子电路控制，以电磁铁、微型电动机和锁体或继电器作为执行机构的机电一体化装置，按照其发展过程一般可分为普通中控门锁、电子式电动门锁、车速感应式电动门锁和遥控电动门锁等。汽车中控门锁根据车型、等级和使用地区的不同具有不同的功能。

（1）中央控制功能

当驾驶员锁住（或打开）驾驶员侧车门门锁总开关时，其他几个车门及行李舱均同时锁住（或打开）；所有车门都可以通过前右或前左侧门上的门锁用钥匙来同时关闭或打开。

（2）单独控制功能

为了方便，除了中央控制方式以外，乘客也可利用各自车门上的按钮来开关车门。

（3）安全功能

当钥匙已经从点火开关中拔出而且车门也已锁住时，车门不能用门锁控制开关打开。

（4）钥匙占用预防功能

此功能是为了防止钥匙已插入点火开关时，在车外没有钥匙的情况下而将车门锁住。若已经执行了锁门操作，而钥匙仍然插在点火开关内，则所有的车门会自动打开，以防止钥匙遗忘在汽车内。

（5）不用钥匙的动作功能

在驾驶员和乘客的车门都关上，而且点火开关断开以后，电动车窗仍可以动作约60s。

（6）儿童安全锁止功能

为防止车内儿童擅自打开车门，设有儿童安全锁。儿童安全锁的开关一般只安装在后车门的接合面上，当车门关闭后，在车内用门锁按钮不能开门，只能用车外的门锁按钮开门。典型的儿童安全锁如图6-1所示，其操作方法如下：

1）直接用手将锁止钮拨至锁止（或LOCK）位置时，儿童安全锁起锁止作用。若要解除儿童安全锁的功能，可将锁止钮拨至相反位置，如图6-1a所示。

2）将钥匙插入后车门侧的儿童安全锁钥匙孔内转动钥匙至锁止（或 LOCK）位置时，就可启用儿童安全锁。若要解除儿童安全锁的功能，可将钥匙向相反的方向转动，如图 6-1b 所示。

a）手动拨锁控制　　　　　　　　　　　　　b）钥匙控制

图 6-1　典型的儿童安全锁

## 2. 中控门锁的分类

中控门锁种类繁多，其分类如下：

1）按门锁执行机构的不同，分为电磁线圈式中控门锁、直流电动机式中控门锁和气动式中控门锁。

2）按门锁控制方式的不同，分为电容式中控门锁、晶体管式中控门锁、车速感应式中控门锁、集成电路（IC）式中控门锁和控制单元（ECU）式中控门锁。

3）按门锁操纵方式的不同，分为钥匙式中控门锁和遥控器式中控门锁。

4）按功能的不同，分为不带防盗系统的中控门锁和带防盗系统的中控门锁。

## 3. 中控门锁的主要部件

中控门锁系统一般包括门锁开关、门锁总成、门锁控制器和门锁执行机构四部分。图 6-2 所示为典型的中控门锁控制系统及其组件的安装位置。

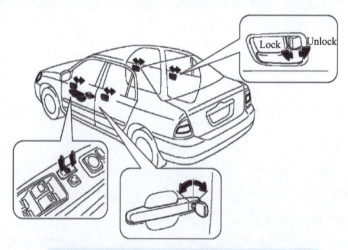

图 6-2　典型的中控门锁控制系统及其组件的安装位置

（1）门锁开关

1）门锁总开关和分开关。门锁开关的作用是控制门锁控制器的动作，接通或断开门锁执行机构的电路。大多数中控门锁开关都是由总开关和分开关组成的，门锁总开关一般安装在驾驶员侧车门内的扶手上，驾驶员通过操纵总开关可将全车所有的车门锁住或打开；分开关分别装在其他各个车门上，只能单独控制相应的车门。门锁开关实质上是一个电路开关，它用来控制各车门锁和行李舱锁的锁止和开启。用钥匙来拨动门锁锁芯转过一定的角度，即可接通门锁执行机构的电路，使门锁执行机构动作，将车门锁锁止或开启。常见车辆门锁总开关和分开关的形式如图6-3所示。

  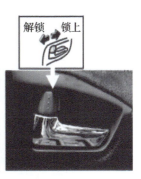

a）门锁总开关

 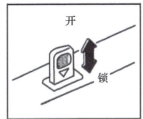 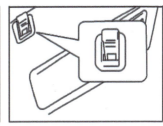

b）门锁分开关

图6-3 常见车辆门锁总开关和分开关的形式

2）钥匙控制开关。钥匙控制开关装在每个前门（或一个前门）的钥匙孔上，当从车外面用钥匙开门或关门时，钥匙控制开关便发出开门或锁门的信号给门锁控制器。钥匙控制开关的位置如图6-4所示。

3）行李舱盖开启器开关。行李舱盖锁的开启方法有两种：一种是从车内通过拉索开关（目前新车型采用按键开关的较多，如图6-5所示）远距离控制的方式，拉索开关一般位于仪表板下面或驾驶员座椅左侧的车厢底板上，拉动此开关便能打开行李舱盖，如图6-6a所示；另一种是直接用钥匙开锁的方式，行李舱的钥匙孔靠近其开启器，推压钥匙孔，如图6-6b所示。断开行李舱内的主开关，此时即使拉开启器开关，也不能打开行李舱盖，只有将钥匙插进钥匙孔内顺时针旋转，使行李舱盖开启器开关接通，才能用行李舱盖开启器打开行李舱盖，如图6-6c所示。

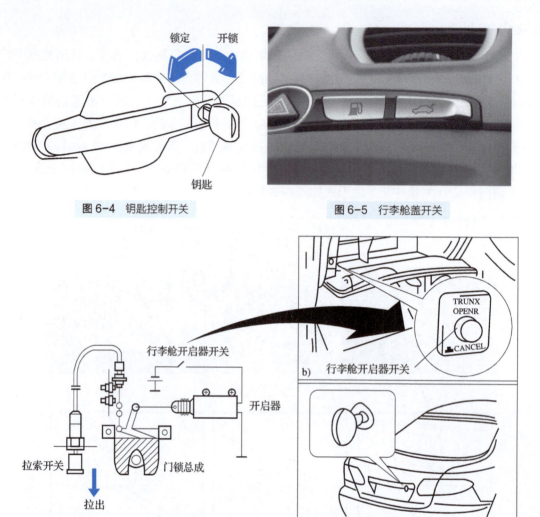

图6-4 钥匙控制开关

图6-5 行李舱盖开关

图6-6 行李舱盖开启器开关的结构与工作原理

（2）门锁总成

电动门锁总成主要由门锁控制电动机、门锁开关、门锁位置开关、门锁传动机构（连接杆）和外壳等组成，如图6-7a所示。

门锁电动机转动时，通过门锁操纵连接杆使门锁动作。电动机控制的门锁传动机构如图6-7b所示。电动机的旋转方向由流经电动机电枢的电流方向决定，利用电动机的正转和反转来实现车门的闭锁和开锁动作。

（3）门锁执行机构

门锁执行机构的作用是根据电路中电流方向的不同，实现闭锁或开锁。常用的门锁执行机构有电磁线圈式、直流电动机式和气动式等类型，其中电磁线圈式和直流电动机式都是通过改变直流电的电流方向来改变执行机构的运动方向,实现锁门或开门动作的,因其结构简单、容易安装和布置而被广泛应用。

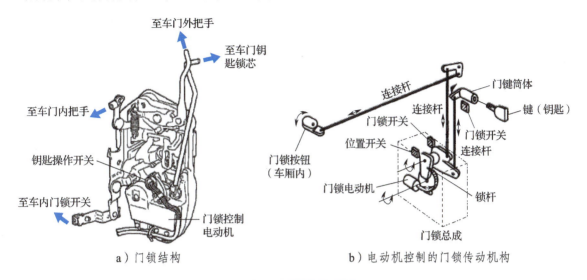

图6-7 电动门锁总成

1)电磁线圈式门锁执行机构。图6-8所示为电磁线圈式门锁执行机构,它有两个线圈L和U,其绕制方向相反,以便改变电流方向,分别用来锁止和开启门锁。门锁控制开关按钮平时处于中间位置,当按下锁门按钮时,给锁门线圈通正向电流,衔铁带动连杆向左(锁门)移动,带动门锁的卡板扣住门框上的锁扣,门被锁住;当按下开门按钮时,给开门线圈通反向电流,衔铁带动连杆向右(开门)移动,门锁的卡板脱离门框上的锁扣,门被打开。

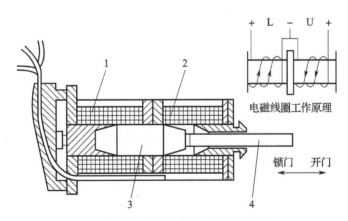

图6-8 电磁线圈式门锁执行机构

1—锁门线圈 2—开门线圈 3—衔铁 4—连杆(连接门锁机构)

2)直流电动机式门锁执行机构。直流电动机式门锁执行机构利用控制直流电动机的正反转来实现门锁的开、关动作。直流电动机式中控门锁主要由双向电动机、导线、继电器、门锁开关及连杆操纵机构组成，直流电动机式中控门锁的操纵机构如图 6-9 所示。当门锁电动机 9 运转时，通过电动机至门锁连杆 8 操纵门锁动作，电动机的旋转方向由经过电动机电枢的电流方向决定。如果锁门时电动机电枢流通的是正向电流，那么开锁时电动机电枢流通的则为反向电流，电动机即反向旋转。这样利用电动机的正转或反转，就可完成车门的闭锁和开锁动作。

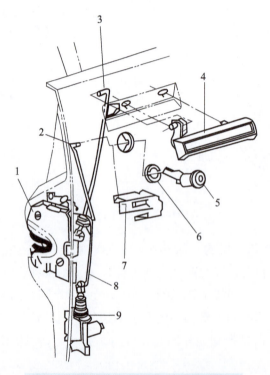

图 6-9　直流电动机式中控门锁的操纵机构

1—门锁总成　2—锁芯至门锁连杆　3—外门锁把手至门锁连杆　4—外门锁把手
5—锁芯　6—垫圈　7—锁芯定位架　8—电动机至门锁连杆　9—门锁电动机

（4）门锁控制器

中控门锁控制电路均装有门锁控制器（继电器），无论何种门锁执行机构，都是通过改变执行机构的通电电流方向来控制门锁连杆左右移动，从而实现门锁的锁止和开启的。常用的门锁控制器有普通中控门锁控制器（包括电容式、晶体管式、集成电路式）、车速感应式中控门锁控制器和电控单元（ECU）中控门锁控制器三种。纯电动汽车的门锁控制器集成在车身控制器（BCM）上，如帝豪 EV450。

（5）典型中央门锁电路分析

典型的中控门锁系统基本电路如图 6-10 所示，它属于遥控门锁装置（无钥匙进入系统），具有车门上锁、车门开锁和打开行李舱的功能。具有警报功能的遥控门锁系统还有使喇叭鸣响、车内灯点亮和车前照灯点亮的功能。

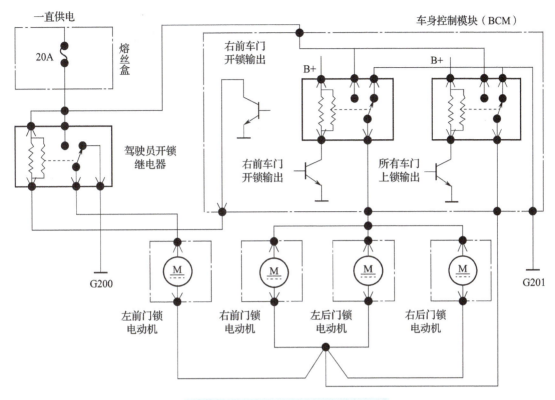

图 6-10 典型的中控门锁系统基本电路

遥控门锁装置由遥控发射器和接收器组成。遥控门锁接收器位于仪表板上，由蓄电池通过仪表线束供电。它接收并判断遥控门锁发射器发来的指令信号，并将该信号送入车身控制模块（BCM）。它主要由车身控制模块（BCM）、驾驶员开锁继电器、熔丝、门锁电动机及导线等组成。它的开锁、上锁指令不是通过机械开关完成的，而是通过接收信号指令，经过 BCM 处理，然后 BCM 再发出指令使门锁电动机按要求转动，从而实现上锁或开锁动作。

### 4. 无线遥控中控门锁系统

无线遥控中控门锁是指不用钥匙插入锁孔中就可以远距离开锁和闭锁的门锁，其最大优点是不管白天黑夜，都可以远距离、方便地进行开锁和闭锁（特别是黑夜，可以避免因无照明造成的不便）。无线遥控中控门锁在普通中控门锁的基础上增加了遥控功能。遥控门锁系统为驾驶员提供了一个打开门锁的方便手段。同时，这个系统还可以提供除中控门锁功能外其他相关的行李舱、灯光和喇叭的控制功能。车门和车门锁是车身上被操作最多的部件之一，也是车身舒适性得以实现最基本的一环。

（1）遥控门锁系统的主要功能

1）所有车门的锁定/解锁功能（图 6-11a、b）。按遥控器上的 LOCK 开关和 UNLOCK 开关，对所有车门锁止或开锁。

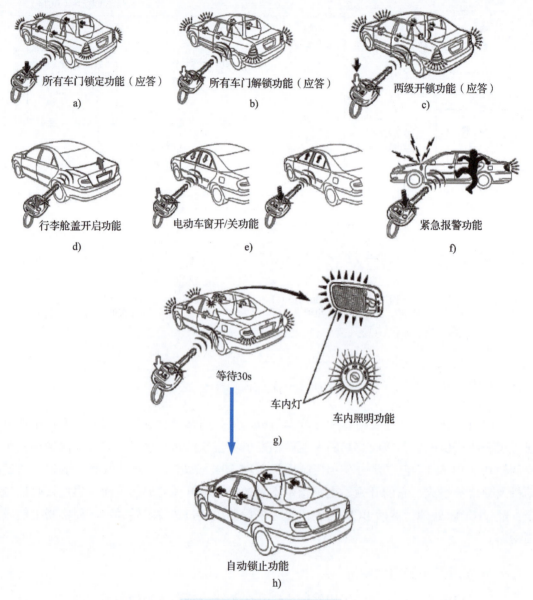

图6-11 遥控门锁系统的功能

2）两级开锁功能（图6-11c）。在驾驶员车门开锁后，在3s之内按UNLOCK开关两次，打开所有车门。

3）应答功能。当锁定时，危险警告灯闪光一次，解锁时闪光两次，通知操作已经完成。

4）发射器操作校验功能。按遥控器上的车门锁定/解锁或行李舱盖打开器的开关时，操作指示灯点亮，通知系统正在发射此信号。如果电池用完，则此灯不亮。

5）行李舱盖开启功能（图6-11d）。保持发射器的行李舱盖开启开关按住超过约1s，打开行李舱盖。

6）电动车窗开 / 关功能（图 6-11e）。钥匙插入点火开关锁芯时，如果按下车门开锁 / 锁止开关长于 2.5s，所有的车窗可以打开或关闭。当开关按住时，电动车窗的开 / 关操作继续进行，当松开开关则操作停止。注意：一些车型没有关闭功能。

7）紧急警报功能（图 6-11f）。按住发射器的门锁或紧急开关长于 2～3s，将触发防盗系统（喇叭发出声音，前照灯、尾灯和危险警告灯闪光）。提示：推进车门开关式没有电动车窗关闭功能。

8）车内照明功能（图 6-11g）。在发射器对车门开锁的同时，内部灯光打开约 15s。

9）自动锁止功能（图 6-11h）。如果用发射器开锁后 30s 内没有车门被打开，则所有车门被锁止。

10）重复功能。当用发射器进行锁定操作时，如果某个车门没有锁上，组合继电器将于 1s 后输出一个锁定信号。

11）车门虚掩报警功能。如果有一个车门开着或虚掩着，则按发射器的门锁开关将致使无线电门锁蜂鸣器发声约 10s。

（2）遥控门锁系统的结构

无线遥控门锁系统通过车主操控随手携带式遥控发射器发出的微弱电波，由汽车天线接收电波信号后，经遥控接收器识别，再由该系统的执行器执行开锁和闭锁的动作。

无线遥控门锁系统的组成框图如图 6-12 所示，主要包括遥控发射器、遥控接收器以及执行器三部分（ANT 即天线接口）。

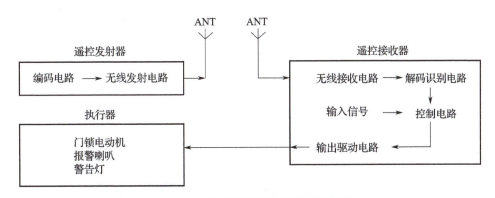

图 6-12　无线遥控门锁系统的组成框图

1）遥控发射器。遥控发射器简称遥控器，其功用是利用发射开关规定代码的遥控信号，控制驾驶员侧车门、其他车门、行李舱盖等的开锁和上锁，且具有寻车功能。遥控发射器由编码电路、发射电路、开关键以及电池等组成，一般有 2~4 个按键，是一种小型的发射装置，可随身携带。遥控发射器的开关按键每按动一次，就向外发送一次信号；在接收器一侧，每接收一次信号就能通过门锁执行机构实现上锁或开锁一次。遥控发射器根据发射信号的不同，分为红外线式遥控器、无线电波式遥控器和超声波式遥控器三种，其中红外线式和无线电波式遥控器应用最广泛。遥控发射器按结构的不同分为分开型和组合型

（即将遥控器与钥匙集合为一体）两种，图 6-13 所示的遥控钥匙属于组合式。

2）遥控接收器。遥控接收器是一个智能控制单元，通常安装在车内较隐蔽的位置，用于接收遥控器发出的信号。遥控接收器对接收的信号进行放大和调制，并检查身份鉴定代码是否相符。当此代码一致时，再判别功能代码，并驱动相应的执行器。遥控接收器分为独立遥控接收器、遥控接收器与门锁控制器集成一体、遥控接收器与门锁控制器以及防盗 ECU 集成一体三种类型。

图 6-13　组合式遥控钥匙

3）接收天线。接收天线（ANT）的功用是接收遥控器输出的信号。接收天线可独立设置，也可利用收音机天线作为遥控接收器的接收天线。

4）执行器。执行器主要是指门锁电动机，带防盗功能的还包括报警喇叭、警告灯、电源继电器等，其中警告灯一般与汽车转向信号灯共用，电源继电器通常安装在车内隐蔽的位置。

### 5. 无钥匙进入与启动系统

无钥匙进入与启动系统（KESSY）采用 RFID（无线射频识别）技术，通过驾驶员随身携带的智能卡内的芯片感应自动开关门锁，也就是说当走近车辆一定距离时，门锁会自动打开并解除防盗；当离开车辆时，门锁会自动锁上并进入防盗状态。一般装备有无钥匙进入系统的车辆，其车门把手上有感应按钮，同时也有钥匙孔，以备智能卡损坏或没电时，驾驶员仍可用普通方式开启车门。其感应区域如图 6-14 所示。

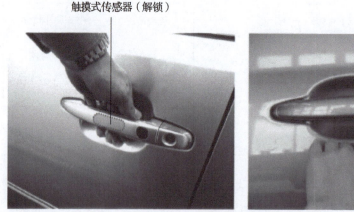

图 6-14　无钥匙进入系统的感应区域

KESSY 受进入许可系统以及启动功能（汽车防盗锁）的控制。安装了 KESSY 可取消传统的点火开关，并在该位置上安装电动转向柱锁（ELV）。

无钥匙进入与启动系统的主要部件构成如图 6-15 所示。

项目六　车辆舒适系统故障检修

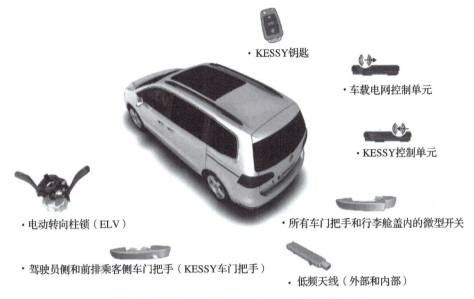

图 6-15　无钥匙进入与启动系统的主要部件构成

（1）无钥匙进入与启动系统钥匙

无钥匙进入与启动系统钥匙的外形如图 6-16 所示。除了按照装备而定的按键之外，该钥匙还包括用于无线远程操作的电子装置以及附加的 KESSY 芯片（ID 传感器）。无线远程操作系统可以通过低频（LF）发送和接收数据。该钥匙通过低频可以接收 KESSY 信号，然后通过高频（HF）发出响应信号。发送和接收数据的频率见表 6-1。

图 6-16　KESSY 钥匙的外形

表 6-1　发送和接收数据的频率

| 名称 | 频率 | 用途 |
| --- | --- | --- |
| LF（低频） | 125kHz | 无线远程操作；向 KESSY 钥匙发送信号 |
| HF（高频） | 433MHz | KESSY 钥匙发出信号 |

（2）进入及启动许可控制器

图 6-17 所示为大众夏朗车型的进入与启动许可系统控制器。接近传感器和所有的低频天线都与此控制器连接。该控制器与舒适 CAN 数据总线相连，并带有连接至车载电源控制器的唤醒导线。

它的功能如下：

1）分析 KESSY 车门把手和低频天线的信号。

2）与汽车防盗锁进行通信。

3）通过低频天线将 KESSY 通信信号发送到钥匙中。

（3）车载电源控制器

车载电源控制器配有一个集成式无线模块，用以接收 KESSY 的高频信号，如图 6-18 所示。该控制器与舒适 CAN 数据总线相连接，并通过连接至进入与启动许可系统控制器的唤醒线接收数据。

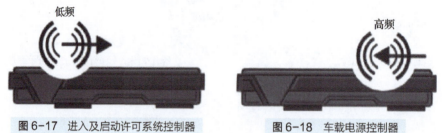

图 6-17　进入及启动许可系统控制器　　图 6-18　车载电源控制器

该控制器主要有以下功能：

1）在舒适 CAN 数据总线中唤醒设备。

2）接收并传输钥匙的 KESSY 通信信号至"进入及启动许可系统控制器"。

（4）低频天线（KESSY 发送天线）

KESSY 发送天线的构造是一个缠绕着线圈的铁心，如图 6-19 所示。此天线结构可以适用于汽车的各种安装位置。

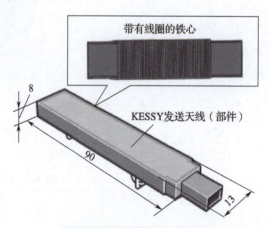

图 6-19　KESSY 发送天线

KESSY 将通过钥匙对汽车的内部区域和外部区域进行探测。外部区域的探测通过三个外部天线实现，而内部区域的探测则通过三个内部天线实现。使用 KESSY 功能时，钥匙必须至少位于一个低频天线的接收范围内。为此，钥匙与汽车侧面或尾部的距离最多不得超过 1.5m。KESSY 的天线位置和接收范围如图 6-20 所示。

项目六 车辆舒适系统故障检修

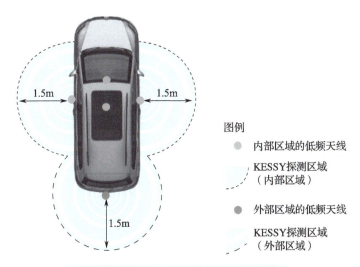

图 6-20 KESSY 的天线位置和接收范围

（5）KESSY 车门把手

车辆侧面的整个传感器和天线电子装置安装在驾驶员侧车门和前排乘客侧车门的车门把手内，如图 6-21 所示。车门把手安装有接近传感器，因此可以感应到接近活动。当手接近车门把手的传感面时，电子装置将报告一个接近信号。握住车门把手将被解读为驾驶员希望开启车门，而接近车门把手上的小传感面则将被解读为希望锁闭车门。

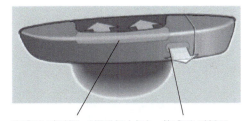

图 6-21 配备接近传感器的 KESSY 车门把手

车门把手内的部件是浇铸而成的，因此不能单独更换，KESSY 车门把手的内部结构如图 6-22 所示。在此部件中集成有以下部件：①电路板中的一个大电容传感器（接近传感器，"解锁"）；②电路板旁的一个小电容传感器（接近传感器，"锁闭"）；③带有电子装置的电路板；④一个低频天线。在每个车门把手和行李舱盖按钮内都安装有微型开关。在拉动把手或按下行李舱盖按钮时，该微型开关将发出信号，其位置如图 6-23 所示。

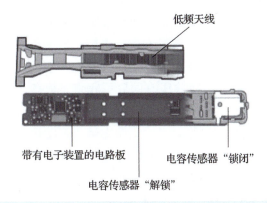

图 6-22 配备接近传感器的 KESSY 车门把手的内部结构

图 6-23 车门把手内的微型开关的位置

(6)启动按钮（D）

启动按钮有一档、四极，并使用冗余电源，其结构如图 6-24 所示。它直接与电动转向柱锁（ELV）控制器相连。传统燃油车的发动机和点火装置只能通过该按钮控制。为了使电动转向柱锁控制器接受此功能要求，启动按钮的两个输出引脚必须传输同一信号。当只有一个输入引脚被连接时，发动机将无法起动，发动转向柱锁控制器将报告有一个故障。

(7)电动转向柱锁（ELV）

在 KESSY 装备中，电动转向柱锁首次被运用于该级别汽车。由此，不能再通过钥匙机械装置控制发动机起动。电动转向柱锁被安装在原先点火开关的位置上。它被膨胀螺栓固定在转向柱上，并被一个坚固的浇铸基座和铁盖板包围。电动转向柱锁的外形如图 6-25 所示。

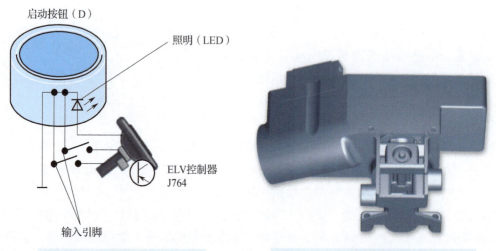

图 6-24　启动按钮（D）的结构　　　图 6-25　电动转向柱锁（ELV）的外形

在电动转向柱锁内有一个电动机、一个带有操纵杆的传动装置以及能够锁住转向柱的止动销。在壳体中，带有两个终端开关的 ELV 控制器被安置在电路板上。该电路板被以 90°角拧紧在机械装置上，如图 6-26 所示。通过传动装置，电动机将使止动销、"解锁"杆和"锁闭"杆始终保持同时运动。止动销以机械方式锁住转向柱，而操纵杆则在止动销的最大拔出和插入位置处对电路板上的终端开关进行控制。

电动转向柱锁控制器是独立的。它通过 CAN 总线接收所有的许可和状态信息。只有启动按钮与电动转向柱锁直接相连。在电动转向柱锁中将对启动命令做出反应。它将该命令作为端子条件传送到车载电源控制器或发动机控制器中。只有当防盗锁止系统控制器发出解锁信号时，电动转向柱锁系统才会将止动销塞入。为了使电动转向柱锁系统进行锁定，必须在关闭点火装置的情况下打开驾驶员侧车门或者将汽车锁止。电动转向柱锁控制器可以有三种状态，即"锁闭"状态、"解锁"状态或"两者都不是"。

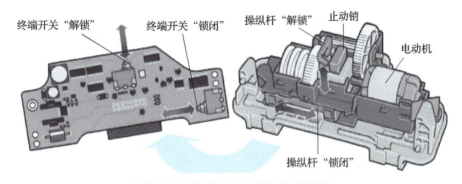

图 6-26　电动转向柱锁（ELV）的结构

（8）控制原理

这些集成一体化的系统部件通过 CAN 数据总线相互连接，其信号传输过程如图 6-27 所示。KESSY 通过低频（LF）向钥匙发送信号。该信号借助进入与起动许可系统控制器上的低频天线发出，而钥匙则通过高频（HF）向 KESSY 发出应答信号。车载电源控制器将接受钥匙的应答信号并将其传送给 CAN 数据总线上的各部件。

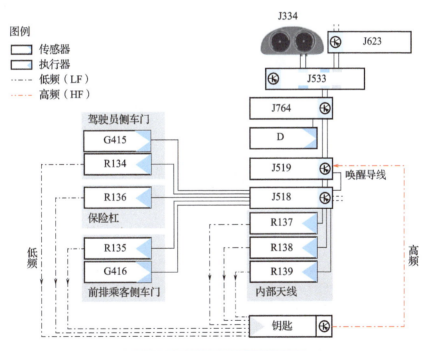

图 6-27　KESSY 的信号传输过程

D—启动按钮　R134—驾驶员侧进入与起动许可系统天线　R135—前排乘客侧进入与启动许可系统天线
R136—后部保险杠内进入与启动许可系统天线　R137—行李舱内进入与启动许可系统天线
R138—车内空间内进入与启动许可系统天线　R139—车内空间内进入与启动许可系统天线
G415—驾驶员侧车门外把手接触传感器　G416—前排乘客侧车门外把手接触传感器
J334—汽车防盗锁控制器　J518—进入与启动许可系统控制器　J519—车载电源控制器
J533—网关　J623—发动机控制器　J764—ELV 控制器

（9）KESSY 的功能

无钥匙进入与启动系统包括三个功能模块，即 KESSY-Entry（唤醒汽车、检测钥匙许可权限、开启车门）、KESSY-Go（电动转向柱锁解锁和发动机起动）和 KESSY-Exit（锁闭汽车、防止钥匙被锁在车内）。

1）KESSY-Entry（唤醒汽车、检测钥匙许可权限、开启车门）。当汽车被停止并锁住时，KESSY 将进入休眠模式。只有驾驶员侧车门和前排乘客侧车门的车门把手上的接近感应器继续运作。KESSY 将切断端子 S 和端子 15 的供电，转向柱被锁定。

当某个 KESSY 车门把手探测到接近信号时，则该接近传感器将对此发送一个报告，如图 6-28 所示。由此，进入与启动许可系统控制器则可以通过低频天线搜索 KESSY 钥匙。KESSY 将对汽车内部和外部区域进行 360° 的全方位搜索。同时，KESSY 控制器将向所有钥匙发送一个邀请，以对钥匙进行识别。为了能够接收钥匙发出的应答信号，进入与启动许可系统控制器将通过唤醒导线唤醒车载电源控制器。该控制器将把无线远程操作的标准频率（LF）转换为 KESSY 的接收频率（HF）。当系统在低频天线的接收区域内发现 KESSY 钥匙时，车载电源控制器将唤醒舒适 CAN 数据总线上的所有部件（CAN "唤醒"），并将所接收的钥匙 ID 传送到进入与启动许可系统控制器。当钥匙与车辆进行通信时，钥匙上的 LED 控制灯将闪亮。

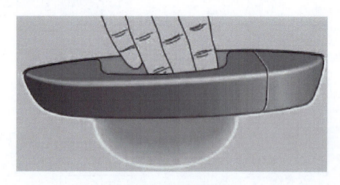

图 6-28　唤醒汽车过程

检测钥匙许可权限进入与启动许可系统控制器将搜索位于接触车门把手的人员附近的 KESSY 钥匙，如图 6-29 所示。系统将作出以下反应：当钥匙位于车内时，系统将隐藏该安全询问；通过车外的钥匙对开启车门进行确认；系统将向钥匙发送一条安全询问；钥匙对安全询问作出应答，并向中控门锁发出正确的开启命令；如果安全询问的答复正确，则进入与启动许可系统控制器将向该钥匙发布进入许可。

车载电源控制器与汽车防盗锁控制器将检测钥匙具体的开启，开启车门命令。如果钥匙的开启命令得到确认，则车载电源控制器将向车门控制器发送一个解锁信号。当手直接触碰车门把手时，车门把手内的微型开关将发送把手被拉动的信号，此时系统才会进行机械解锁，系统将始终首先解锁接收到开启命令的车门，系统此外还将解锁哪些车门取决于个人的设置。

2）KESSY-Go（电动转向柱锁解锁和发动机起动）。在按下启动按钮时，系统将检测车辆内部是否有 ELV 所许可的钥匙。如果在车辆内部找到经过许可的钥匙，则 ELV 将解锁，发动机起动，如图 6-30 所示。该许可由汽车防盗锁控制器检测。

图 6-29　检测钥匙许可权限

图 6-30　解锁和发动机起动过程

3）KESSY-Exit（锁闭汽车、防止钥匙被锁在车内）。只有在发动机被关闭的情况下才能锁闭汽车。在触摸 KESSY 车门把手的锁闭区域时，车门外把手接触传感器将报告一个接近信号。进入与启动许可系统控制器 J518 继而将对钥匙许可权限及其位置进行检测，并发出锁闭车门的信号。

防止钥匙被锁在车内的功能仅对最后使用的钥匙有效。如果钥匙在系统发出锁闭询问时位于车内，则 KESSY 可以识别出该状态，并根据钥匙的位置提供两种安全功能：①如果钥匙被锁在行李舱中，则可以通过拉动行李舱盖把手解锁行李舱盖。②如果钥匙被落在乘员舱中，则车灯将闪烁 4 次，并在接收到锁闭命令后保持 30s 的车门开启状态。30s 过后，KESSY 将最终闭锁，以确保汽车安全。此时，钥匙将被锁在汽车中。

## 二　电动车窗系统

电动车窗系统是通过开关操作开闭车窗的系统。当电动车窗开关操作时，电动车窗电动机旋转，车窗开闭调节器把电动车窗电动机的旋转运动转换成上下运动从而打开或关闭车窗。

### 1. 电动车窗的结构

一般汽车电动车窗系统的组成部件有电动车窗电动机、电动车窗总开关（由电动车窗开关和车窗锁止开关组成）、点火开关、门控开关（驾驶员侧）等组成，其在车上的布置如图 6-31 所示，电动车窗的结构如图 6-32 所示。

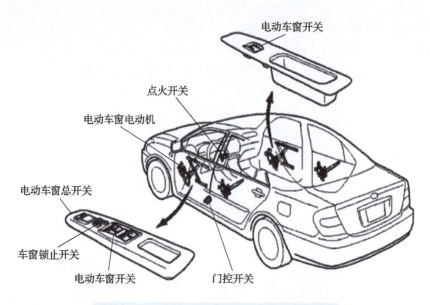

图 6-31 电动车窗系统各组成部件在车上的布置

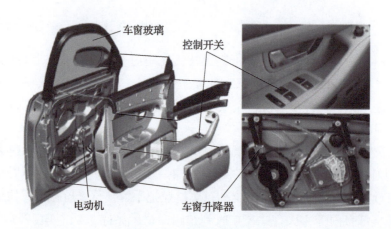

图 6-32 电动车窗的结构

有些汽车上的电动车窗由电动机直接作用于升降器,而有些则是通过驱动机构作用于升降器,从而把电动机的转动变成车窗的上下移动。

(1) 车窗升降器

车窗升降器是调整车窗玻璃开度大小的专用部件,按传动机构的结构不同可分为齿扇式、齿条式和绳轮式等。

1) 齿扇式升降器。齿扇式升降器如图 6-33 所示。双向直流电动机带动蜗杆减速器,改变方向后驱动齿扇,从而使玻璃上下移动。齿扇上连有螺旋弹簧,当车窗上升时,弹簧展开,放出能量,以减轻电动机负荷;当车窗下降时,弹簧压缩,吸收能量,从而使车窗无论上升还是下降,电动机的负荷基本相同。

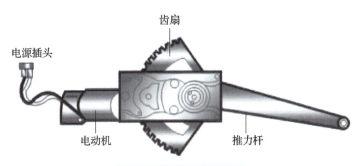

图 6-33 齿扇式升降器

2）齿条式升降器。齿条式升降器使用柔性齿条和小齿轮，车窗连在齿条的一端，电动机带动轴端小齿轮转动，使齿条移动带动车窗升降，如图 6-34 所示。

3）绳轮式升降器。绳轮式升降器如图 6-35 所示。双向直流电动机前端安装有减速机构，其上安装一个绕有拉索的绳轮，玻璃卡座固定在拉索上且可在滑动支架上移动。

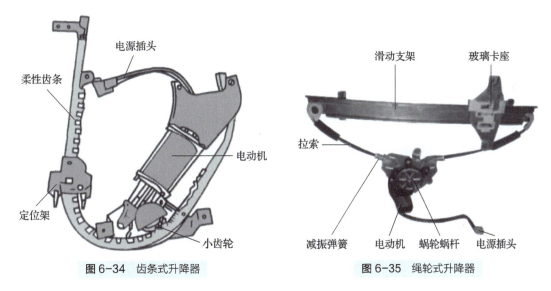

图 6-34 齿条式升降器　　　　图 6-35 绳轮式升降器

（2）车窗电动机

电动车窗常用的电动机有双绕组串励式直流电动机和永磁式直流电动机。

1）双绕组串励式直流电动机。当电动车窗装用双绕组串励式直流电动机时，均采用电动机直接搭铁的控制电路方式，即电动机的一端直接搭铁（即内搭铁），如图 6-36 所示。此类电动机有两组磁场绕组，通过接通不同的磁场绕组，使电动机的转向不同，进而达到使车窗玻璃上升或下降的目的。

双绕组串励式直流电动机有两个绕向相反的磁场绕组，一个称为"上升"绕组，一个称为"下降"绕组。在给不同的绕组通电时，会产生方向相反的磁场，电动机的旋转方向也就不同，从而实现车窗玻璃的上升或下降。

电动车窗通常装用双金属片式断路器，其作用是当电动机超载，电路中电流过大时（例如在按下车窗开关使玻璃下降后，开关因故不弹起复位时，电路中电流就会增大），双金属片因电流过大而导致温度上升,产生翘曲变形,断路器触头断开,电流被切断。电流消失后,双金属片冷却,断路器触头再次闭合。如此周期动作,使车窗电动机不因过热而损坏。有的汽车设有玻璃升降终点的限位开关,当玻璃到达终点时,压住限位开关,电流被切断,从而起到保护电动机的作用。

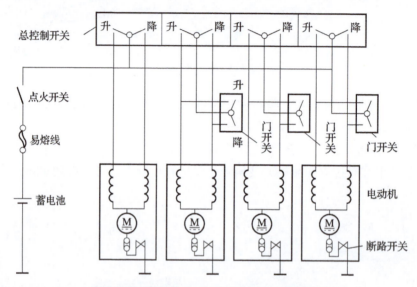

图 6-36　双绕组串励式直流电动机(内搭铁)

2)永磁式直流电动机。现代汽车电动车窗玻璃升降器广泛采用永磁式直流电动机,图 6-37 所示为带车门控制器(单元)的车窗电动机。

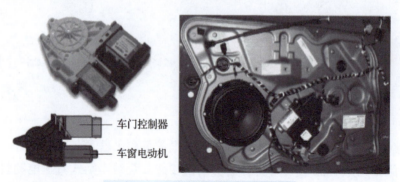

图 6-37　带车门控制器的车窗电动机

电动机的减速装置由蜗轮蜗杆组成,其轴端设有蜗轮蜗杆机构作为一级减速,由蜗轮轴上的小齿轮驱动升降器的扇形齿轮进行二级减速,进一步带动升降臂。为了防止负载过大或控制开关失灵而烧毁电动机,电动机内部设置有断路器。当电动车窗装用永磁式直流电动机时,均采用电动机不直接搭铁(即外搭铁)的控制电路方式,即电动机的搭铁受开关控制,通过改变电动机的电流方向来改变电动机的旋转方向,从而实现车窗玻璃的上升或下降。其控制电路如图 6-38 所示。

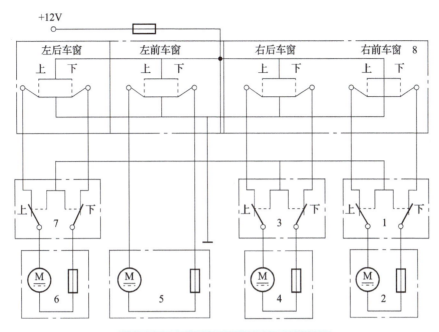

图6-38 外搭铁式车窗电动机的控制电路

1—右前车窗开关　2—右前车窗　3—右后车窗开关　4—右后车窗
5—左前车窗　6—左后车窗　7—左后车窗开关　8—驾驶员侧主控开关

（3）电动车窗控制开关

电动车窗系统使驾驶员在驾驶座上通过开关控制车窗玻璃升降机构来实现车窗玻璃的自动升降，即使在行车过程中，也能安全方便地开、关车窗。

电动车窗的控制开关一般有两套：一套为主控开关（总开关），装在仪表板或驾驶员侧的车门扶手上，以方便驾驶员操作，这样驾驶员就可以控制每个车窗玻璃的升降。在总开关上装有车窗锁止开关，如图6-39a所示，按下该开关后，乘客车窗的分开关被锁止。此时，乘客不能通过分开关操控车窗玻璃的升降，其作用主要是防止儿童意外打开或关闭车窗。另一套为分控开关（分开关），如图6-39b所示。此套开关分别安装在每个车门扶手附近处，这样乘客也可以对各自位置的车窗进行升降控制。

a）主控开关

b）分控开关

图6-39 电动车窗总开关和分开关

电动车窗的控制开关除了通过总开关和分开关操控车窗玻璃的升降，一般还具有以下功能：

1）在电动车窗电路或电动机内装有一个或多个热敏开关，又称为断路保护器，当车窗玻璃到达关闭的顶端时，因阻力变大，电动机过载电流也变大，断路保护器会自动切断电流，电动机就停止运转。电动车窗升降系统中断路保护器的触头一般为双金属片式结构，功能是当车窗完全关闭、完全打开或由于车窗玻璃上结冰、卡滞等引起车窗玻璃无法移动时，电动机过载电流变大，双金属片因温度上升产生翘曲变形而使触头张开，切断电路。电路断开后，双金属片冷却，变形消失，触头再次闭合。有的汽车上设有玻璃升降终点的限位开关，当玻璃到达终点时压住限位开关，电流被切断，电动机就停止运转了。

2）有的电动车窗装有延迟开关，其作用是在点火开关断开后约1min内，或在打开车门以前仍有电源提供，使驾乘人员能有时间关闭车窗。

3）有些电动车窗具有熄火自动关闭的功能，当点火开关转回到OFF位置或拔出车钥匙后，若车窗处于非关闭状态，则车窗会马上自动关闭。

### 2. 电动车窗的功能

目前主流车型配备的电动车窗具有以下功能：

1）防夹功能。当在任意位置有物体被夹住时，控制器会立即停止上升动作，并自动返回到下死点，然后立即断电停机，以释放被夹物，保护驾乘人员的安全（特别是6岁以下的儿童）。

防夹电动车窗玻璃升降器是在原电动车窗玻璃升降器的基础上增加电动车窗ECU（电子模块）及传感器等构成，其基本原理是，当车窗玻璃上升到一定距离（一般为120~220mm）时，便进入防夹区。在防夹区内，如果车窗玻璃遇到一定的外来阻力，如图6-40所示，车窗玻璃就会停止上升并立即下降120mm（下降距离由汽车厂商确定）；如果车窗玻璃没有遇到外来阻力，则继续上升。

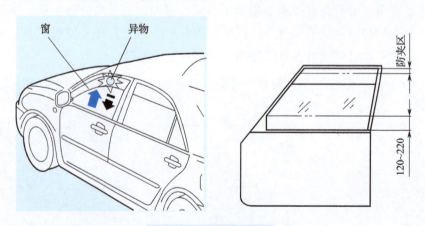

图6-40 防夹保护功能

防夹电动车窗的结构与工作原理如图6-41所示。在关闭车窗的过程中，驱动机构中的电动车窗 ECU 及霍尔式传感器（脉冲发生器）时刻检测电动机的转速。当霍尔式传感器检测到电动机的转速有变化时，就会向 ECU 传送信息，ECU 向继电器发出指令，使电动机停转或反转，车窗玻璃也就停止上升或开始下降。

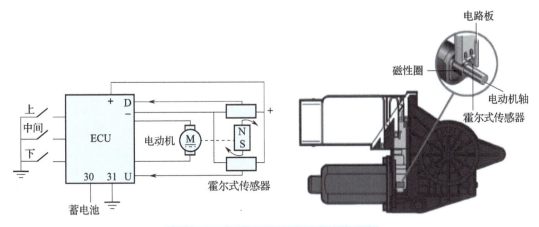

图 6-41 防夹电动车窗的结构与工作原理

电动车窗防夹检测机构由电动车窗电动机总成中蜗杆上的磁铁和插接器部分上的两个霍尔 IC 组成。霍尔 IC 将蜗杆旋转产生的磁通量变化转换为脉冲信号，并将其输出到电动车窗主车开关 / 电动车窗开关。如果车窗玻璃在关闭过程中遇到异物，霍尔 IC 感测到速度变化，并将信号输入车窗控制单元（ECU），车窗控制单元由此识别出车窗玻璃受到异物干扰（图 6-42a 所示是车窗正常时车窗电动机转一圈霍尔 IC 输出的脉冲信号，图 6-42b 所示是车窗有异物时车窗电动机转一圈霍尔 IC 输出的脉冲信号，以此为依据来判断车窗玻璃的移动量和是否夹住异物），便自动停止车窗玻璃的上升操作，并反向移动（即下降）车窗，从而避免夹伤乘员。

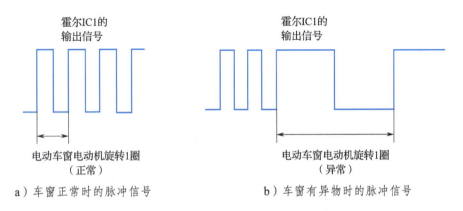

a）车窗正常时的脉冲信号　　　b）车窗有异物时的脉冲信号

图 6-42 车窗正常 / 有异物时的脉冲信号

电动车窗 ECU 具有自学习功能，它能够根据不同车窗玻璃运行的实际情况，对升降器的性能参数作相应调整（即电动车窗初始化设定）。电动车窗 ECU 有三种安装形式：一种安装在电动车窗开关下方的车门扶手内；一种与车窗电动机集成在一起；还有一种是单独式,一般安装在仪表板附近。

目前,电动车窗防夹功能的实现需要"触觉"和"视觉"的配合。所谓"触觉",就是指当电动车窗机构感触到有异物在玻璃上时,会自动停止玻璃上升工作。如图6-43所示,在关闭的过程中,驱动机构中有电控单元及霍尔式传感器时刻检测着电动机的转速,当霍尔式传感器检测到转速有变化时,就会向ECU报告信息,ECU向继电器发出指令,使电动机停转或反转(下降),防夹电动车窗也就停止移动或下降。

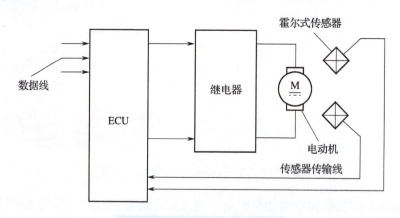

图6-43 霍尔式防夹车窗的原理

所谓"视觉",是一套光学控制系统。它是靠红外线发射器和感应接收器检测有无异物在电动车窗移动范围内,从而控制玻璃移动,不需要异物直接接触到玻璃。这个光学控制系统主要元件是光学传感器,它由红外线发射器和感应接收器组成,如图6-44所示,安装在车窗的内饰件上,能连续、精确地扫描指定的区域。这个区域一般是指车窗向上移动时,距离车窗开口框上边缘4~200mm。一旦检测到有异物,传感器会迅速把信息反馈至ECU,ECU发出指令使电动机停止运转。由于这种装置小巧,装嵌隐蔽,ECU控制技术先进,因此有人称之为"智能无接触防夹玻璃"。

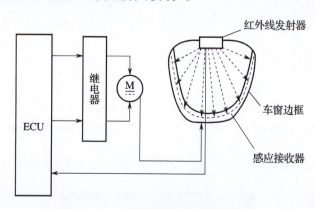

图6-44 红外线式防夹电动车窗的工作原理

2)手动开/关的功能。当电动车窗开关被推或拉到一半时,窗户打开或关闭直至开关被松开。

3)单触式自动开/关功能。如图 6-45 所示,当电动车窗开关被推或拉到底时,窗户全开或全关。有些车型只有自动打开的功能,有些车型只有驾驶员侧车窗有自动开关功能。

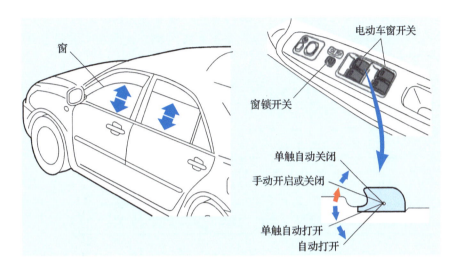

图 6-45 驾驶员侧门边开关的功能

4)车窗锁止功能。当车窗锁止开关打开时,除驾驶员侧车窗外,所有车窗打开和关闭功能失效。

5)无钥匙电动车窗功能。如果驾驶员侧车门不打开,在点火开关置于 ACC 或 LOCK 位置后约 45s 的时间里,此功能允许电动车窗系统的操作。驾驶员侧车门锁芯联动功能按照驾驶员侧车门锁芯和无线控制门锁的操作打开和关闭车窗。

6)电动机热敏保护。为避免车窗玻璃升降电动机过热,每个电动机都有自己的热敏保护装置,电动机运行时间在一个计数器内累加,计数器的初始值由环境温度确定。如果计数器超过了一个阈值,那么就不能再接受新的操作功能,但正在进行的移动仍可继续进行;如果电动机关闭了计数器数值,则会重新减小阈值,当减小到小于阈值后又能接受操作要求了。

7)负荷中断。为保护蓄电池,车窗玻璃升降电动机在起动发动机时不能操作。每个正在进行的动作(如打开或点动自动功能)会立即结束,车窗玻璃升降电动机停止运行。起动过程结束后,车窗可通过重新操纵而完全恢复功能。

8)低压断电。供电电压就在本地车门模块内被监控,如果供电电压小于 9V,则车窗玻璃升降电动机将闭锁,每个正在进行的动作将中断。

9)便捷开/关闭功能。便捷功能用于上车前或下车后能够关闭或打开所有车窗,借助无线电遥控钥匙或通过钥匙在驾驶员侧车门锁上的机械操作,可以触发便捷开启/关闭功能。每个车窗按后部车窗玻璃升降电动机、前部车窗玻璃升降电动机的顺序依次关闭。

## 3. 电动车窗的控制电路分析

电动车窗的控制电路中，一般都设有由驾驶员操作的主控开关（总开关）和每个车窗的独立操作开关（分开关），每个车窗的操作开关可由乘客自己操作。有些汽车的主控开关备有安全锁止开关，可以切断其他各车窗的电源，这个开关只能由驾驶员一人操作。

以电动机不直接搭铁（外搭铁）的电动车窗系统为例，说明由驾驶员和乘客分别操作使右前车窗上升和下降时的工作过程：

1）当驾驶员操作主控开关，让右前车窗开关处在"下"的位置时，电动机转动，右前车窗向下运动，其电流方向如图6-46中箭头所示。

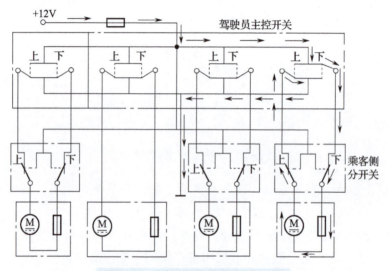

图6-46 右前车窗下降时的电流流向

2）当驾驶员通过操作主控开关，让右前车窗开关处在"上"的位置时，电动机转动，右前车窗向上运动，其电流方向如图6-47中箭头所示。

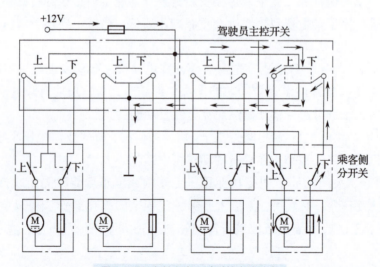

图6-47 右前车窗上升时的电流流向

3）当乘客操作右前车窗的分开关，使其处在"下"的位置时，电动机转动，右前车窗向下运动，其电流方向如图6-48中箭头所示。

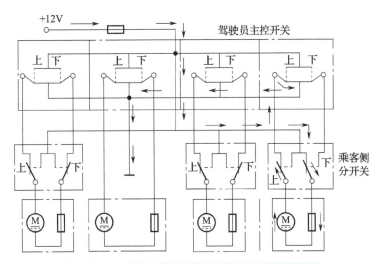

图6-48　右前车窗下降时的电流流向（乘客操作）

4）当乘客操作右前车窗的分开关，使其处在"上"的位置时，电动机转动，右前车窗向上运动，其电流方向如图6-49中箭头所示。

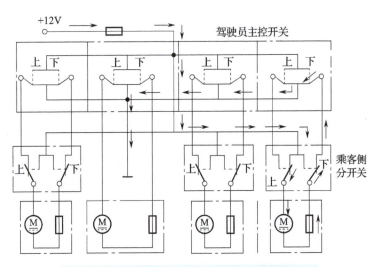

图6-49　右前车窗上升时的电流流向（乘客操作）

## 三　电动后视镜

### 1. 电动后视镜的功能

（1）后视镜的记忆存储功能

每个驾驶员可根据个人身高与驾驶习惯的不同，以及座椅和转向盘的最佳舒适性，来调节后视镜的最佳视角，然后进行记忆存储。当其他人驾驶汽车后，或被他人调整已记忆的视角后，由于存储的信息存在，驾驶员都可以非常轻松地开启记忆存储功能，使所有内部设施恢复至最佳设定状态。

（2）后视镜的自动折叠功能

该功能（图6-50a、b）可防擦伤及缩小停车泊位空间，在保证安全性的基础上把损害程度降低到最小限度。将后视镜设计成电动折叠方式，驾驶员在车内就可方便地进行调节。

（3）带刮水器、洗涤器的后视镜

有些后视镜增设了刮水器和洗涤器（图6-50a），用于刮去外后视镜上的雨、雪、泥浆及灰尘等，可以在各种情况下清晰地观察到汽车外部情况。

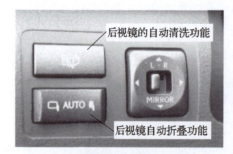
a）雷克萨斯电动后视镜开关

b）奥迪A8后视镜开关

c）加热除霜功能的后视镜开关

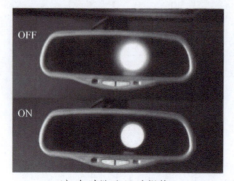
d）自动防眩目后视镜

e）带有指南针功能的自动防眩目后视镜

图6-50　多功能后视镜开关及后视镜

（4）后视镜的加热除霜功能

有的后视镜增设了加热除霜功能（图6-50c），例如采用了电加热除霜镜片，驾驶员可以开启加热除霜功能，清洁镜面的积雾、冬天积霜和雨水等。

（5）自动调节的内后视镜

照到内后视镜上的光线太强，将导致驾驶员的视觉不舒服，此时自动调节的内后视镜将自动翘起,以减弱照到内后视镜上的光线。自动调节的内后视镜在后视镜镜片内装有两块电池,其中一块是用来测定车内光线的强度,另一块是用来测定后视镜受光照的强度,若照到内后视镜的光线强度大于车内光线的强度,并且超过设定值,则驱动内后视镜的电磁线圈被励磁,将内后视镜翘起。

(6)自动防眩目(电控变色)的后视镜

自动防眩目后视镜(图6-50d、e)通常作为内后视镜安装在驾驶室中央顶部,其结构通常是在液晶体里面放置偏光板,玻璃板被放置在经过真空镀铝的反光镜后面。防眩目或非防眩目交替切换不用人工操作,自动进行操作。反光镜本体的一部分装有光电二极管的照度传感器,能检测后方车辆的前照度并可进行切换控制。

(7)具有测距和测速功能的后视镜

具有测距和测速功能的后视镜是为提高视认性而安装的后视镜。驾驶员可通过这种特殊的后视镜,看清后面跟随而来的车辆的距离,并估计出其行驶的速度,从而保证汽车安全行驶。

### 2. 电动后视镜的组成

电动后视镜主要由永磁式电动机、传动机构和控制开关等组成。每个后视镜都有两套驱动装置,由电动后视镜开关进行操纵,其中一个电动机和传动机构用于后视镜水平方向的转动,另一个电动机和传动机构则用于后视镜垂直方向的转动。

电动后视镜的结构和控制开关示意图如图6-51所示,它主要以枢轴为中心,由使后视镜能上下、左右方向灵活变换位置的两个独立的微电动机、永久磁铁和霍尔集成电路等构成。根据霍尔集成电路产生的信号电压,可对后视镜的所在位置进行检测。

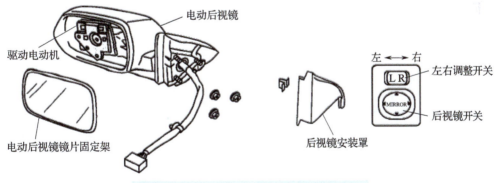

图6-51 电动后视镜的结构和控制开关示意图

### 3. 电动后视镜的工作原理

图6-52所示为电动后视镜控制系统的基本原理。当控制开关向下扳时,触头B与触头D、触头C与触头E分别相通,电流经电源→触头E→触头C→电动机→触头B→触

头 D →搭铁，电动机即转动使后视镜做垂直方向运动；当开关向上扳时，触头 B 与触头 E、触头 C 与触头 D 分别接触，电流经电源→触头 E →触头 B →电动机→触头 C →触头 D →搭铁，由于流过电动机的电流发生改变，因此电动机反方向转动，后视镜做水平方向运动。

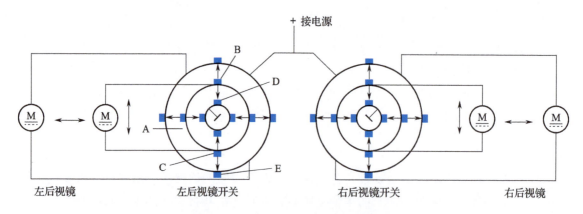

图 6-52　电动后视镜控制系统的基本原理

### 4. 电动后视镜的控制电路分析

图 6-53 所示为本田雅阁轿车电动后视镜的控制电路，下面以左侧后视镜为例分析其工作过程。此电动后视镜开关中，上面的四个开关为共用的后视镜方向调节开关，下面两个开关为控制左侧或右侧电动后视镜的联动分开关。

（1）左侧电动后视镜向下倾斜

首先将电动后视镜开关中下面的联动分开关按至"左"位置，然后按开关"下"，此时电路的电流方向为：蓄电池正极→熔丝 22 和熔丝 23 →点火开关→熔丝 30 →电动后视镜开关端子 6 →联动开关"下"的左端→左侧后视镜开关→电动后视镜开关端子 9 →左电动后视镜"上下"调节电动机→电动后视镜开关端子 2 →左侧后视镜开关→联动开关"下"的右端→搭铁，左侧后视镜实现向下倾斜。

（2）左侧电动后视镜向上倾斜

此时，电动后视镜开关中下面的联动开关依然在"左"的位置，按开关"上"，电流的流向为：蓄电池正极→熔丝 22 和熔丝 23 →点火开关→熔丝 30 →电动后视镜开关端子 6 →联动开关"上"的右端→左侧后视镜开关→电动后视镜开关端子 2 →左电动后视镜"上下"调节电动机→电动后视镜开关端子 9 →左侧后视镜开关→联动开关"上"的右端→搭铁，左侧后视镜实现向上倾斜。

电动后视镜左右运动的电路分析与此类似，此处不再赘述。有的电动后视镜还带有可折回功能，由折回开关控制折回电动机工作，使整个后视镜回转伸出或缩回。

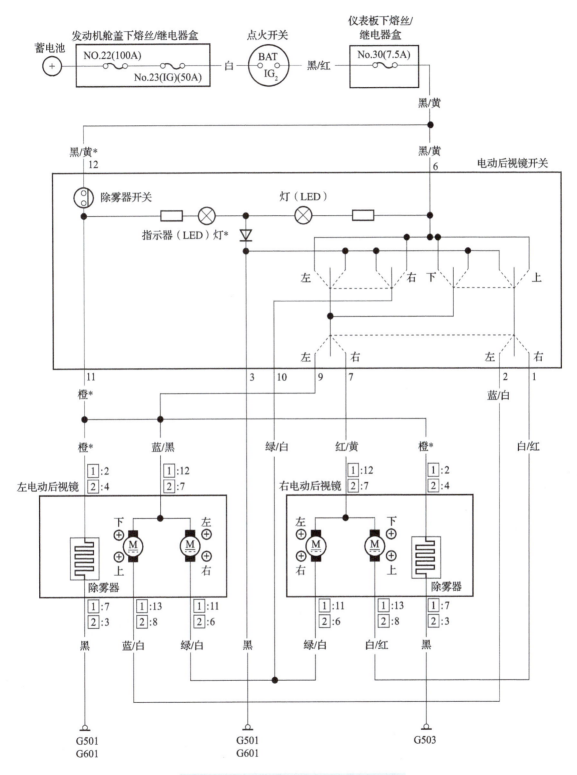

图 6-53 本田雅阁轿车电动后视镜控制电路

## 四 项目实施

### 实施准备

**安全防护**：做好车辆安全防护与隔离（车辆挡块、警示隔离带、高压危险警示牌）
**个人防护**：绝缘鞋、绝缘帽、绝缘手套、护目镜
**工具设备**：数字万用表、解码器、放电工装
**实训车辆**：吉利 EV450
**辅助资料**：翼子板护垫三件套、汽车内饰护套

### 任务一 车辆无法解锁故障检修

⚠ **情景引入**：一辆行驶里程约 6 万 km 的吉利帝豪 EV450，客户王先生反映该车所有中控锁不能锁/开车门，要求检修。

门锁电机故障检修

#### 1. EV450 门锁控制电路分析

（1）门锁系统的工作原理

门锁主要由电机、微动开关、壳体、拉杆等组成。乘客侧门锁内有一个电机、一个微动开关。电机工作电压为 9~16V，工作电流不大于 2A，堵转电流为 3A。微动开关反映车门是否开启，如图 6-54 所示。

驾驶员侧门锁在乘客侧门锁基础上增加两个微动开关，一个反映左前门锁状态信号，一个反映机械锁芯状态信号，如图 6-54 的单点线框。系统设有

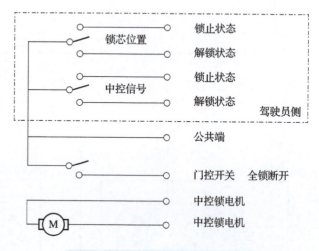

图 6-54 EV450 门锁系统工作原理

两个门锁开关，一个设置在左前门锁内，另一个位于左前门中控开关内。两个门锁开关的上锁信号共同输入到 BCM 同一个输入端子，但解锁信号却是分别输入的。驾驶员车门钥匙锁芯只能单独解锁车门，但可以锁止所有车门，如图 6-55 所示。

（2）门锁系统控制过程

1）上锁。当 BCM 接收到开关上锁输入信号或者满足自动落锁条件时，从 BCM 的上锁输出端输出电源，控制五个车门的门锁电机执行上锁操作。

2）解锁。当 BCM 接收到开关解锁输入信号或者满足自动解锁条件时，从 BCM 的解锁输出端输出电源，控制四个车门外加行李舱盖的锁电机执行解锁操作。行李舱盖可通过操作行李舱盖开关并通过无钥匙进入模块与 BCM 信号控制，以进行单独开启，如图 6-56 所示。

项目六　车辆舒适系统故障检修

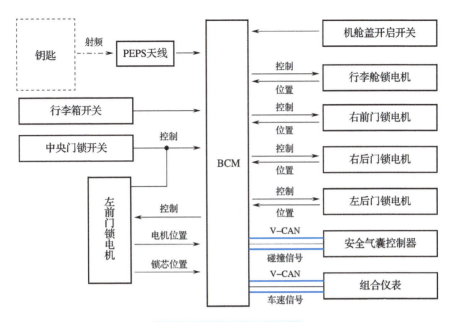

图 6-55　门锁系统控制原理

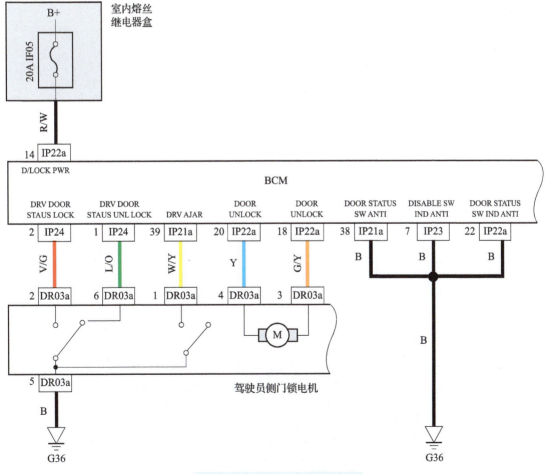

图 6-56　EV450 门锁控制电路

## 2. 故障诊断

1）检查蓄电池电压。打开机舱盖。用万用表测量蓄电池电压，标准电压：11~14V。若不符合，检查充电系统故障并对蓄电池充电。

2）检查 BCM 熔丝 IF05 是否熔断。操作启动开关使电源模式至 OFF 状态。拔下熔丝 IF05，检查熔丝是否熔断。熔丝额定值：20A。

3）检查 BCM 电源、搭铁之间的电压。操作启动开关使电源模式至 OFF 状态。断开 BCM 线束插接器 IP22a。

4）操作启动开关使电源模式至 ON 状态。用万用表测量 BCM 线束插接器 IP22a 端子 14 和 BCM 线束插接器 IP22a 端子 22 之间的电压。电压标准值：11~14V，确认测量值是否符合标准，若不符合修理或更换线束。

5）检查左前门锁与 BCM 之间的线路。操作启动开关使电源模式至 OFF 状态。断开左前门锁线束插接器 DR03a，断开 BCM 线束插接器 IP22a，用万用表测量左前门锁线束插接器 DR03a 的 3 号端子与 BCM 线束插接器 IP22a 的 18 号端子之间的电阻，如图 6-57、图 6-58 所示，电阻标准值：小于 1Ω。用万用表测量左前门锁线束插接器 DR03a 的 4 号端子与 BCM 线束插接器 IP22a 的 20 号端子之间的电阻，电阻标准值：小于 1Ω。确认测量值是否符合标准，否则修理或更换线束。DR03a 的端子含义见表 6-2。

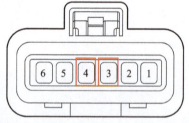

图 6-57 DR03a 驾驶员侧门锁电机线束插接器

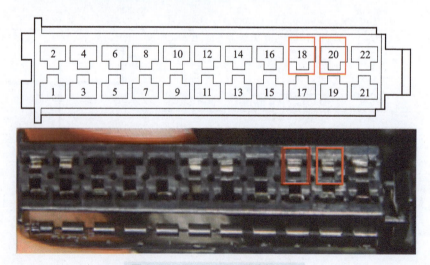

图 6-58 IP22a BCM 线束插接器

表 6-2  DR03a 驾驶员侧门锁电机线束插接器端子含义

| 端子号 | 端子含义 | 颜色 |
| --- | --- | --- |
| 1 | 中控解锁状态信号 | W/Y |
| 2 | 锁芯位置锁止状态 | V/G |
| 3 | 中控锁电机（锁止） | G/Y |
| 4 | 中控锁电机（解锁） | Y |
| 5 | 公共端接地 | B |
| 6 | 锁芯位置解锁状态 | L/O |

6）检查 BCM 输出电压。操作启动开关使电源模式至 OFF 状态。断开左前门锁线束插接器 DR03a，操作遥控钥匙连续开/关门锁，同时用万用表测量左前门锁线束插接器 DR03a 的 3 号端子与 4 号端子之间的电压。标准电压：±（11~14V），确认测量值是否符合标准。

### 任务二  智能遥控功能失效故障检修

⚠ **情景引入**：一辆行驶里程约 9 万 km 的吉利帝豪 EV450，客户赵先生反映智能遥控钥匙无法开车门且中控锁开关功能正常，要求检修。

#### 1. 吉利 EV450 无钥匙进入及启动系统（PEPS）控制策略

吉利帝豪 EV450 电动汽车 PEPS 系统由 PEPS 控制单元、两个前门把手总成、电子转向柱锁、车身控制单元（BCM）、点火开关、三个室内天线、整车控制单元（VCU）及智能钥匙等组成，如图 6-59 所示。

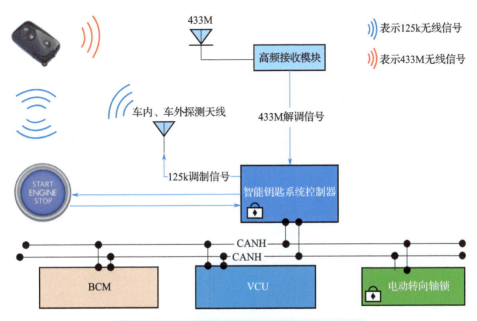

图 6-59  吉利帝豪 EV450 电动汽车 PEPS 系统

（1）无钥匙解锁控制

距离车门 1.5m 范围内有一把授权的智能钥匙并激活车门把手锁门按键时，信号发送给 PEPS 控制单元，PEPS 控制单元激活车辆外部天线发送低频信号给智能钥匙，智能钥匙接收到低频信号，被激活后发送带密码的高频信号给 PEPS 控制单元，PEPS 控制单元接收并与自身的密码进行确认，确认是合法钥匙后将信号传给 BCM，BCM 接收信号控制车门电机进行解锁功能。如果不是合法钥匙，PEPS 控制单元将发送信号给 BCM，BCM 将启动防盗指示灯和防盗喇叭。一旦某一车门被打开，该车门的接触开关闭合，并向 BCM 传递搭铁信号，BCM 根据此信号通过 CAN 总线向仪表发送"门打开"信号。

（2）无钥匙上锁控制

距离车门 1.5m 范围内有一把授权的智能钥匙并激活锁门键钮时，信号发送给 PEPS 控制单元，PEPS 控制单元激活车辆外部天线发送低频信号给智能钥匙，智能钥匙接收到低频信号后被激活后发送带密码的高频信号给 PEPS 控制单元，PEPS 控制单元接收并与自身的密码进行确认，确认是合法钥匙后将信号传给 BCM，BCM 接收信号控制车门电机进行上锁功能，车内有 3 根天线用来监测车内是否有智能钥匙，以此来实现启动车辆或者是上锁功能。

（3）无钥匙启动控制

无钥匙进入和启动功能可以使驾驶员拉门把手即可进入车辆，并使用一键式启动按钮启动车辆。当驾驶员拉动门把手时，无钥匙进入检测周围遥控器（FOB）的有效性，遥控器发出信号回应车辆，并使车身控制模块解锁所有车门。当驾驶员按下启动开关，车身控制模块检测周围遥控器（UID）的有效性，遥控器发出信号回应车辆，以解锁转向柱电子锁（ESCL），此时，车身控制模块通过 CAN 网络系统与动力系统进行信息认证，若所有信息有效，车身控制模块将控制启动机继电器以启动车辆。

2. 故障诊断

本节只介绍智能钥匙的故障诊断排除，天线、PEPS 故障在其他章节介绍。故障诊断排除思维导图如图 6-60 所示。

1）使用故障诊断仪读取故障码。操作启动开关使电源模式至 ON 状态。连接故障诊断仪，读取系统故障码。确认系统是否存在故障码。优先排除故障码指示故障。

2）检查智能钥匙电池电压。操作启动开关使电源模式至 OFF 状态。打开智能钥匙后盖，取下电池。用万用表测量电池电压。标准电压：2.17~3.6V，确认测量值是否符合标准，不符合标准更换电池。

3）更换智能钥匙。操作启动开关使电源模式至 OFF 状态。更换智能钥匙，对智能钥匙进行匹配。确认智能钥匙遥控功能正常。

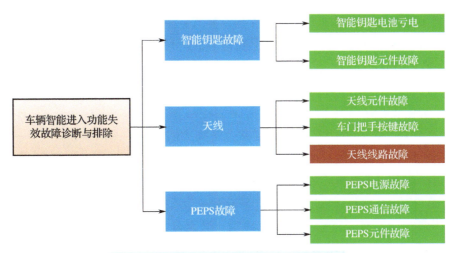

图 6-60 智能钥匙失效故障诊断排除思维导图

## 任务三　电动车窗不工作的故障检修

⚠ **情景引入：** 一辆行驶里程约 4 万 km 的吉利帝豪 EV450，客户李先生反映该车电动车窗无法升降，要求检修。

### 1. EV450 电动车窗系统的工作原理

图 6-61 所示为 EV450 电动汽车电动车窗系统元件的布置。

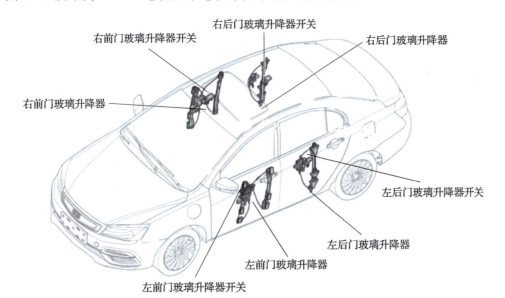

图 6-61　EV450 电动车窗系统元件的布置

（1）EV450 电动车窗系统的功能

该车的玻璃升降器具有以下四种操作方式：手动上升、手动下降、自动上升、自动下降,没有防夹功能的升降器具有以下三种操作方式:手动上升、手动下降、自动下降。此外,电动车窗系统还具有延时功能、防夹功能、舒适性关闭功能、电机保护关闭、自适应学习功能及软件热保护功能。

1)延时功能:启动开关打开,玻璃升降允许操作,启动开关关闭45s后控制器电源将被切断,禁止玻璃升降操作。

2)防夹功能:玻璃升降控制模块配有一个集成的障碍检测防夹系统。防夹系统在车窗所有裸露边缘和车窗密封之间的采光口4~200mm内工作。车窗防夹的要求是,已初始化的车窗在自动上升过程中,在顶部任何位置遇到4mm的检具都应防夹即反向运动。

3)舒适性关闭功能:舒适性关闭就是通过一个LIN通信来自动关闭车窗。一旦接到舒适性关闭命令,所有车窗会依次向上移动,直至车窗到达行程终点(车窗完全关闭位置)。启动的顺序和延时要求会由软件实现,在舒适性关闭期间,来自车窗开关的信号将被忽略,并且防夹功能处于激活状态。

4)电机保护关闭:若电机连续运行时间超过20s,则控制模块关闭并失去初始化。

5)自适应学习:系统具备在整个车辆寿命内适应车辆特性和环境条件的能力,例如密封件的磨损。

6)软件热保护:控制模块通过一个热保护算法提供保护,防止升降电机过热,当在防夹期间触发热保护程序时,系统将完成车窗反向运行动作,但将忽略向上的任何新命令,直至电机彻底冷却。

(2)电动车窗系统的结构

该车电动车窗系统的结构包括电机、导轨、钢丝绳索、导向滑轮等,如图6-62所示。

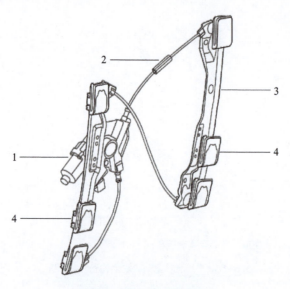

图6-62 玻璃升降器的结构

1—电机 2—钢丝绳索 3—导轨 4—导向滑轮

（3）电动车窗系统的工作原理

电动车窗系统的工作原理如图 6-63 所示。左前门玻璃升降器和左后门玻璃升降器共用一个电源（25A），右前门玻璃升降器和右后门玻璃升降器共用一个电源（25A），EV450 控制电路如图 6-64 所示。

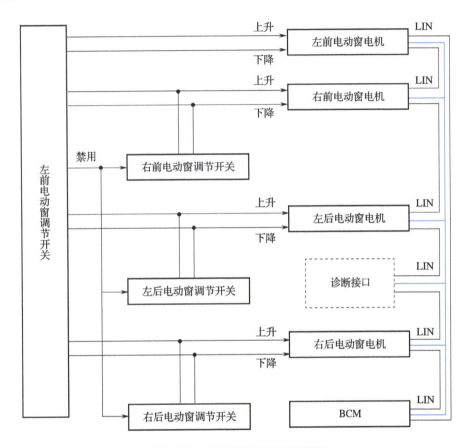

图 6-63 电动车窗系统的工作原理

1）手动操作：轻扳玻璃升降器开关的手动上升档位，并保持不放，相对应的玻璃升降器电机工作，使车窗玻璃运动上升；释放开关，车窗玻璃停止运动。满足以下任一条件时，车窗升降功能被屏蔽：启动开关关闭 45s 后；启动开关关闭 45s 内，任一前门开启。

2）自动操作：完全上拉左前车门玻璃升降开关（上拉保持时间大于 500ms），左前车窗自动上升至最高位置，或一直上升到再次按下或上拉开关为止，其余车窗的操作与之相同。

3）舒适性关闭：舒适性关闭就是通过一个 LIN 通信来自动关闭车窗。一旦接到舒适性关闭命令，所有车窗会依次向上移动，直至车窗到达行程终点（车窗完全关闭位置）。启动的顺序和延时要求会由软件实现，在舒适性关闭期间，来自车窗开关的信号将被忽略，并且防夹功能处于激活状态。

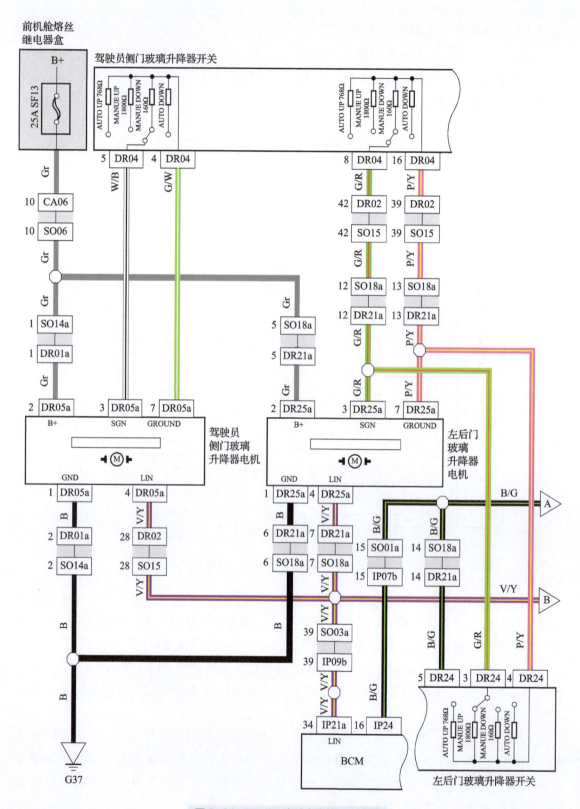

图 6-64 EV450 电动车窗控制电路图

## 2. 故障检修

1）检查熔丝 SF13。确认熔丝 SF13 是否熔断。检查熔丝的额定电流值为：25A，确认熔丝是否正常。

2）分别检查熔丝 SF13 线路。检查是否有短路，进行线路修理，确认没有线路短路现象。更换额定电流的熔丝，确认玻璃升降器是否正常工作。

3）检查驾驶员侧门玻璃升降器开关线路。检测驾驶员侧门玻璃升降器开关 DR04 端子 10 与车身接地之间的电阻，电阻标准值：小于 1Ω，如图 6-65 所示。检测驾驶员侧门玻璃升降器开关 DR04 端子 4 与驾驶员侧门玻璃升降器电机 DR05a 端子 7 之间的电阻，电阻标准值：小于 1Ω。检测驾驶员侧门玻璃升降器开关 DR04 端子 5 与驾驶员侧门玻璃升降器电机 DR05a 端子 3 之间的电阻，电阻标准值：小于 1Ω。DR04 端子含义见表 6-3，DR05a 端子含义见表 6-4。

图 6-65 DR04 驾驶员侧门玻璃升降器开关线束插接器

表 6-3 DR04 驾驶员侧门玻璃升降器开关线束插接器端子含义

| 端子号 | 端子含义 | 颜色 |
| --- | --- | --- |
| 1 | 儿童安全锁信号 | W/V |
| 2 | 儿童安全锁功能照明信号 | O/L |
| 3 | 乘客侧门玻璃升降器开关信号 | L/Y |
| 4 | 驾驶员侧门玻璃升降器开关搭铁 | G/W |
| 5 | 驾驶员侧门玻璃升降器开关信号 | W/B |
| 6 | 乘客侧门玻璃升降器开关搭铁 | G |
| 7 | 右后侧门玻璃升降器开关信号 | Y/W |
| 8 | 左后侧门玻璃升降器开关信号 | G/R |
| 9 | 背景灯电源 | Gr |
| 10 | 搭铁 | B |
| 11 | 中控锁开关信号 | Br/Y |
| 12 | — | |
| 13 | 中控门锁锁止功能照明 | G/L |
| 14 | 搭铁 | B |
| 15 | 右后侧门玻璃升降器开关搭铁 | Y/R |
| 16 | 左后侧门玻璃升降器开关搭铁 | P/Y |

表 6-4　DR05a 驾驶员侧门玻璃升降器电机线束插接器端子含义

| 端子号 | 端子含义 | 驾驶员侧门 DR05a 颜色 | 左后侧门 DR25a 颜色 |
|---|---|---|---|
| 1 | 搭铁 | B | B |
| 2 | 电源 | Gr | Gr |
| 3 | 驾驶员侧门玻璃升降器开关信号 | W/B | G/R |
| 4 | LIN | V/Y | V/Y |
| 5 | — | — | — |
| 6 | — | — | — |
| 7 | 驾驶员侧门玻璃升降器开关信号搭铁 | G/W | P/Y |

4）修理驾驶员侧门玻璃升降器开关线路故障。修理驾驶员侧门玻璃升降器开关 DR04 端子 10 与车身搭铁之间的断路或开路故障。修理驾驶员侧门玻璃升降器开关 DR04 端子 4 与驾驶员侧门玻璃升降器电机 DR05a 端子 7 之间的断路或开路故障。修理驾驶员侧门玻璃升降器开关 DR04 端子 5 与驾驶员侧门玻璃升降器电机 DR05a 端子 3 的断路或开路故障。

5）检查驾驶员侧门玻璃升降器电机电源线路。打开启动开关，用万用表检查驾驶员侧门玻璃升降器电机线束插接器 DR05a 端子 2 上的电压，电压标准值：11~14V。

6）修理驾驶员侧门玻璃升降器电机电源的开路故障。修理驾驶员侧门玻璃升降器电机 DR05a 端子 2 与熔丝 SF13 之间发生断路的故障点，确认玻璃升降器是否正常工作。

7）检查驾驶员侧门玻璃升降器电机搭铁电路。断开驾驶员侧门玻璃升降器电机线束插接器。用万用表测量驾驶员侧门玻璃升降器电机线束插接器 DR05a 端子 1 与车身搭铁之间的电阻，电阻标准值：小于 1Ω，确认电阻是否符合标准值。

8）修理驾驶员侧门玻璃升降器电机搭铁电路的开路故障。修理驾驶员侧门玻璃升降器电机线束插接器 DR05a 端子 1 与车身搭铁电路之间发生断路的故障点，确认玻璃升降器是否正常工作。

9）检查驾驶员侧门玻璃升降器电机 DR05a 端子 4 与车身控制模块（BCM）IP21a 端子 34 之间的线路。用万用表测量驾驶员侧门玻璃升降器电机 DR05a 端子 4 与车身控制模块（BCM）IP21a 端子 34 之间的电阻。电阻标准值：小于 1Ω，确认电阻是否符合标准值。

10）修理驾驶员侧门玻璃升降器电机 DR05a 端子 4 与车身控制模（BCM）IP21a 端子 34 之间的线路故障。修理驾驶员侧门玻璃升降器电机 DR05a 端子 4 与车身控制模块（BCM）IP21a 端子 34 之间的断路或短路故障，确认玻璃升降器是否正常工作。

11）更换驾驶员侧门玻璃升降器开关。更换驾驶员侧门玻璃升降器开关，确认玻璃升降器是否正常工作。

12）更换左前车门玻璃升降器电机总成。

## 任务四　电动后视镜不能调整的故障检修

⚠ **情景引入**：一辆行驶里程约 6 万 km 的吉利帝豪 EV450，客户李先生反映该车电动后视镜无法上下调节，要求检修。

EV450 电动后视镜的控制电路如图 6-66 所示。

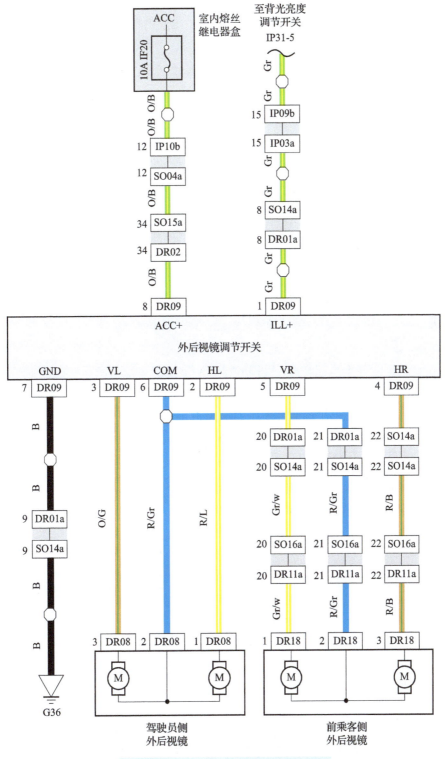

图 6-66　EV450 电动后视镜的控制电路

1）检查左、右两侧电动后视镜工作情况。分别对两侧电动后视镜进行调整，确认是否两侧电动后视镜都不能正常工作。

2）检查熔丝 IF20。检测熔丝 IF20 是否熔断。熔丝的额定电流值：10A，确认熔丝是否熔断。

3）检查熔丝 IF20 线路。检查是否有短路，进行线路修理，确认没有线路短路现象。更换额定电流的熔丝，确认电动后视镜是否正常工作。

4）检查后视镜调节开关电源电路。断开后视镜调节开关线束插接器。检查后视镜调节开关线束插接器 DR09 端子 8 上的电压，电压标准值为：11~14V，如图 6-67 所示。DR09 端子含义见表 6-5。

图 6-67　DR09 外后视镜调节开关线束插接器

表 6-5　DR09 外后视镜调节开关线束插接器端子的含义

| 端子号 | 端子含义 | 颜色 |
| --- | --- | --- |
| 1 | 背景灯电源（+） | Gr |
| 2 | 左侧后视镜左调节（+）/左侧后视镜右调节（-） | R/L |
| 3 | 左后视镜上调节（+）/左后视镜下调节（-） | O/G |
| 4 | 右侧后视镜左调节（+）/右侧后视镜右调节（-） | R/B |
| 5 | 右后视镜上调节（+）/右后视镜下调节（-） | Gr/W |
| 6 | 后视镜上调节（-）/后视镜下调节（+）/后视镜左调节（-）/后视镜右调节（+） | R/Gr |
| 7 | 搭铁 | B |
| 8 | ACC 电源 | O/B |
| 9 | — | — |
| 10 | — | — |

5）修理后视镜调节开关电源电路的开路故障。修理后视镜调节开关电源电路发生开路的故障点，确认电动后视镜是否正常工作。

6）检查后视镜调节开关搭铁电路。断开后视镜调节开关线束插接器。检查后视镜调节开关线束插接器 DR09 端子 7 与搭铁电路之间的电阻，电阻标准值：小于 1Ω。

7）修理后视镜调节开关搭铁电路的开路故障。修理后视镜调节开关接地电路发生开路的故障点，确认电动后视镜是否正常工作。

8）检查后视镜调节开关。操纵后视镜调节开关中的电动后视镜上下调整按钮，同时用万用表检查有故障侧电动后视镜线束插接器DR08（左侧）或DR18（右侧）的下列端子之间的电压，如图6-68、表6-6、表6-7所示。

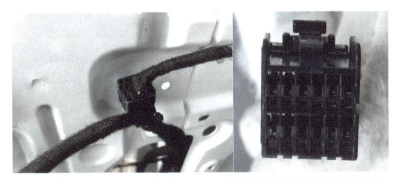

图6-68　电动后视镜线束插接器DR08（左侧）和插接器DR18（右侧）

表6-6　DR08驾驶员侧外后视镜线束插接器端子的测试要求

| 测试端子 | 测试条件 | 标准值 |
| --- | --- | --- |
| DR08（2）–DR08（3） | 左侧，向上 | 11~14V |
| DR08（2）–DR08（3） | 左侧，向下 | 11~14V |
| DR08（1）–DR08（2） | 左侧，向右 | 11~14V |
| DR08（1）–DR08（2） | 左侧，向左 | 11~14V |
| DR18（2）–DR18（3） | 右侧，向上 | 11~14V |
| DR18（2）–DR18（3） | 右侧，向下 | 11~14V |
| DR18（1）–DR18（2） | 右侧，向右 | 11~14V |
| DR18（1）–DR18（2） | 右侧，向左 | 11~14V |

表6-7　DR18前乘客侧外后视镜线束插接器端子含义

| 端子号 | 端子含义 | 颜色 |
| --- | --- | --- |
| 1 | 后视镜上（+）/后视镜下（-） | Gr/W |
| 2 | 后视镜上（-）/后视镜下（+）/后视镜左（-）/后视镜右（+） | R/Gr |
| 3 | 后视镜左（+）/后视镜右（-） | R/B |
| 4 | 记忆（+） | G/W |
| 5 | 记忆（水平） | R/L |
| 6 | 转向（+） | L/B |
| 7 | 折叠（+） | Y/B |
| 8 | 折叠（-） | Y/W |
| 9 | 记忆（垂直） | W/G |
| 10 | 记忆（-） | G/B |

9）更换有故障侧电动后视镜电机总成。更换有故障侧电动后视镜电机总成，确认电动后视镜是否正常工作。

10）检查电动后视镜与后视镜开关之间的线路。断开电动后视镜开关线束插接器DR09，断开后视镜线束插接器DR08/DR18，检测表6-8所列端子之间的线路电阻。

表6-8 检测端子之间的电阻

| 测试端子 | 标准值 |
| --- | --- |
| DR08（1）-DR09（3） | 小于1Ω |
| DR08（2）-DR09（6） | 小于1Ω |
| DR08（3）-DR09（2） | 小于1Ω |
| DR18（1）-DR09（5） | 小于1Ω |
| DR18（2）-DR09（6） | 小于1Ω |
| DR18（3）-DR09（4） | 小于1Ω |

11）修理有故障侧电动后视镜与后视镜开关之间的线路故障。

12）更换前门玻璃升降开关总成。

## 复习题

### 1. 选择题

（1）门锁执行机构常见的有三种，其中不包括（　　）。
　　A. 电磁线圈式　　B. 机械式　　C. 电动机式　　D. 永磁型

（2）当门锁开关置于锁止（LOCK）位置时，触点闭合，门锁电磁铁中（　　）线圈通电，电磁铁心杆缩回，操纵门锁（　　）车门。
　　A. 开启，打开　　B. 门锁，锁上　　C. 开启，锁上　　D. 门锁，打开

（3）当门锁开关在（　　）位置时，（　　）线圈通电，继电器吸合，电源电压经闭合的开锁继电器动合触点施加于电动机，电动机电枢另一端经锁定继电器动断触点搭铁，电动机转动，门锁打开。
　　A. 锁定，开锁继电器　　　　　　B. 开锁，锁定继电器
　　C. 锁定，锁定继电器　　　　　　D. 开锁，开锁继电器

（4）全部门锁都不能工作可能的原因中不包括（　　）。
　　A. 熔断器断路　　　　　　　　　B. 继电器故障
　　C. 门控开关触点烧蚀　　　　　　D. 前面电动机损坏

（5）对于电动车窗玻璃升降电机来说，下列说法错误的是（　　）。
　　A. 每个车门必须设有一个分控制开关，但主控制开关可不设置
　　B. 在电路中必须设有断电器，当玻璃达到上下极限时，自动切断电路

C. 玻璃升降电机是可逆的，改变通电方向，就可以改变转动方向

D. 车上可装一个延时开关，在点火开关断开约 10min 后，仍有电流供应

（6）不管使用主开关还是分开关，乘客侧电动车窗不能升降，甲认为故障出在失效的主开关，乙认为故障出在磨损的电动机。你认为（　　）。

　　A. 甲正确　　　　　　B. 乙正确　　　　　　C. 甲乙都正确　　　　D. 甲乙都不正确

（7）每个电动后视镜的后面都有（　　）个电动机驱动。

　　A. 1　　　　　　　　B. 2　　　　　　　　C. 3　　　　　　　　D. 4

## 2. 判断题

（1）门锁开关的作用是控制门锁控制器的动作，接通或断开门锁执行机构的电路。（　　）

（2）将驾驶员车门锁扣按下时，其他几个车门及行李舱盖都能自动锁定；如果用钥匙锁门，也可同时锁好其他车门，但行李舱盖不行。（　　）

（3）一般电磁线圈式执行机构有两个电磁线圈，其绕制方向相同，以便改变电流方向使执行机构进行开启或锁止。（　　）

（4）若电动机接线极柱上的电压为零，表明电压线路有问题。（　　）

（5）车窗玻璃升降电动机在起动发动机时能正常操作，即每个正在进行的动作（如打开或点动自动功能）不会立即结束，车窗玻璃升降电动机正常运行。（　　）

（6）电动车窗供电电压就在本地车门模块内被监控，如果供电电压小于 12V，则车窗玻璃升降电动机将闭锁，每个正在进行的动作将中断。（　　）

（7）没有防夹功能的升降器同样具有以下四种操作方式：手动上升、手动下降、自动上升、自动下降。（　　）

（8）电动车窗的操作开关分为安全开关和升降开关，安全开关能控制所有车门上的车窗。（　　）

（9）电动车窗的升降主要是利用电机的正转和反转实现的。（　　）

（10）驾驶员侧车窗有手动和自动控制功能。（　　）

（11）操作电动车窗时，如果出现某个机械部位卡死，则会引起熔丝烧断或热敏开关断开，从而避免电机烧坏。（　　）

（12）电动车窗的主开关接地失效会导致所有车窗均不能动作。（　　）

（13）电动后视镜的控制原理是通过改变电流方向继而改变电动机的旋转方向，最终实现改变其运动方向的目的。（　　）

（14）拆卸车外后视镜时，螺钉旋具头部必须缠有保护胶带。（　　）

## 3. 任务实施考核

| 作业内容 | 评分要点（各竞赛环节漏项或累计最多扣相应配分） | 配分 | 扣分 | 判罚依据 |
| --- | --- | --- | --- | --- |
| 人物安全 | □ 未按实训要求着装的扣 10 分<br>□ 举升车辆或上电未有效警示他人的每次扣 10 分<br>□ 可能构成设备损坏或人身伤害的操作每次扣 10 分 | 10 | | |

（续）

| 作业内容 | 评分要点（各竞赛环节漏项或累计最多扣相应配分） | 配分 | 扣分 | 判罚依据 |
|---|---|---|---|---|
| 设备使用 | □ 未检查绝缘手套密封性的扣 10 分<br>□ 未检查工具、仪器外观损伤的扣 10 分<br>□ 使用万用表前未进行电阻校准的扣 10 分<br>□ 未检查数字万用表的电阻量程（校零）的扣 10 分<br>□ 未检查耐磨手套、护目镜、安全帽外观损伤的扣 10 分<br>□ 工具仪器使用不合理、跌落或未合理归位的每次扣 10 分 | 20 | | |
| 团队协作 | □ 出现两条作业主线的每次扣 1 分<br>□ 小组内部缺乏交流的每次扣 1 分<br>□ 小组分工不明、配合混乱的每次扣 1 分 | 20 | | |
| 作业要求 | □ 故障判断遗漏的，每个故障点扣 10 分<br>□ 未同步记录作业过程的每次扣 10 分<br>□ 记录数据与测量数据不符的每次扣 10 分<br>□ 使用万用表、示波器前未断电被老师制止的每次扣 10 分 | 40 | | |
| 现场恢复 | □ 未关闭驾驶员侧车窗的扣 10 分<br>□ 未拆卸翼子板布、格栅布的扣 10 分<br>□ 未拆卸车内四件套并丢弃到垃圾桶的扣 10 分<br>□ 未移除高压警示标识等到指定位置的扣 10 分<br>□ 未恢复工位到原标准工位布置状态的扣 10 分<br>□ 未将钥匙、诊断报告放至指定位置的扣 1 分 | 10 | | |
| 追加处罚 | □ 未执行高压作业断电流程被裁判制止的每次扣 30 分<br>□ 断电时未有效佩戴绝缘手套、护目镜的每次扣 30 分<br>□ 断电前未关闭启动开关、未妥善保管智能钥匙的每次扣 30 分<br>□ 断电前未断开辅助蓄电池负极、未做安全防护的每次扣 30 分<br>□ 断电未正确拔下直流母线插头、未做安全防护的每次扣 30 分<br>□ 未按正确安全操作程序，损伤、损毁车辆或竞赛设备，视情节扣 50 分，造成特别严重安全事故的终止比赛，成绩记 0 分<br>□ 未按正确安全操作程序，造成人员伤害，视情节扣 20~50 分，造成特别严重安全事故的终止比赛，成绩记 0 分<br>说明：追加处罚不配分只扣分，至职业素养和操作规范扣完为止。 | | | |

# 参考文献

[1] 李晓林. 电动汽车整车控制系统介绍[J]. 科技资讯，2019（19）：27-29.

[2] 敖东光，吕英伟，陈荣梅. 电动汽车结构原理与检修[M]. 北京：机械工业出版社，2018.

[3] 何泽光. 电动汽车常见故障诊断与排除[M]. 北京：机械工业出版社，2019.

[4] 夏建武，许云珍. 电动汽车整车控制技术[M]. 北京：人民交通出版社，2018.

[5] 张利. 新能源汽车驱动电机与控制技术[M]. 北京：人民交通出版社，2018.

[6] 杨效军. 电动汽车结构与原理[M]. 北京：机械工业出版社，2018.

[7] 申荣卫. 纯电动汽车整车控制系统检测与修复[M]. 北京：机械工业出版社，2020.

# 读者服务

机械工业出版社立足工程科技主业，坚持传播工业技术、工匠技能和工业文化，是集专业出版、教育出版和大众出版于一体的大型综合性科技出版机构。旗下汽车分社面向汽车全产业链提供知识服务，出版服务覆盖包括工程技术人员、研究人员、管理人员等在内的汽车产业从业者，高等院校、职业院校汽车专业师生和广大汽车爱好者、消费者。

### 一、意见反馈

感谢您购买机械工业出版社出版的图书。我们一直致力于"以专业铸就品质，让阅读更有价值"，这离不开您的支持！如果您对本书有任何建议或意见，请您反馈给我。我社长期接收汽车技术、交通技术、汽车维修、汽车科普、汽车管理及汽车类、交通类教材方面的稿件，欢迎来电来函咨询。

咨询电话：010-88379353　　编辑信箱：cmpzhq@163.com

### 二、课件下载

选用本书作为教材，免费赠送电子课件等教学资源供授课教师使用，请添加客服人员微信手机号"13683016884"咨询详情；亦可在机械工业出版社教育服务网（www.cmpedu.com）注册后免费下载。

### 三、教师服务

机工汽车教师群为您提供教学样书申领、最新教材信息、教材特色介绍、专业教材推荐、出版合作咨询等服务，还可免费收看大咖直播课，参加有奖赠书活动，更有机会获得签名版图书、购书优惠券。

加入方式：搜索QQ群号码317137009，加入机工汽车教师群2群。请您加入时备注院校+专业+姓名。

### 四、购书渠道

机工汽车小编
13683016884

我社出版的图书在京东、当当、淘宝、天猫及全国各大新华书店均有销售。

团购热线：010-88379735
零售热线：010-68326294　88379203

# 推荐阅读

| 书号 | 书名 | 作者 | 定价（元） |
|---|---|---|---|
| 智能网联、新能源汽车专业教材 | | | |
| 9787111678618 | 智能网联汽车技术入门一本通（全彩印刷） | 程增木 | 69 |
| 9787111715276 | 智能汽车技术（全彩印刷） | 凌永成 | 85 |
| 9787111702696 | 智能网联汽车技术原理与应用（彩色版） | 程增木 杨胜兵 | 65 |
| 9787111628118 | 智能网联汽车技术概论（全彩印刷） | 李妙然 邹德伟 | 49.9 |
| 9787111693284 | 智能网联汽车底盘线控系统装调与检修（附任务工单） | 李东兵 杨连福 | 59.9 |
| 9787111710288 | 智能网联汽车智能传感器安装与调试（全彩活页式教材） | 中国汽车工程学会 等 | 49.9 |
| 9787111712480 | 智能网联汽车底盘线控执行系统安装与调试（全彩印刷） | 中国汽车工程学会 等 | 49.9 |
| 9787111709800 | 智能网联汽车计算平台测试装调（全彩印刷） | 中国汽车工程学会 等 | 49.9 |
| 9787111711711 | 智能网联汽车智能座舱系统测试装调（全彩印刷） | 中国汽车工程学会 等 | 49.9 |
| 9787111710318 | 新能源汽车检测与故障诊断技术（彩色版配实训工单） | 吴海东 等 | 69 |
| 9787111707585 | 新能源汽车电动空调 转向和制动系统检修（彩色版配实训工单） | 王景智 等 | 69 |
| 9787111702931 | 新能源汽车整车控制系统检修（彩色版配实训工单） | 吴东盛 等 | 69 |
| 9787111701637 | 新能源汽车动力电池及管理系统检修（彩色版配实训工单） | 吴海东 等 | 59 |
| 9787111707165 | 新能源汽车技术概论（全彩印刷） | 赵振宁 | 55 |
| 9787111706717 | 纯电动汽车构造原理与检修（全彩印刷） | 赵振宁 | 59 |
| 9787111587590 | 纯电动/混合动力汽车结构原理与检修（配实训工单）（全彩印刷） | 金希计 吴荣辉 | 59.9 |
| 9787111709565 | 新能源汽车维护与故障诊断（配实训工单）（全彩印刷） | 林康 吴荣辉 | 59 |
| 9787111700524 | 新能源汽车整车控制系统诊断（双色印刷） | 赵振宁 | 55 |
| 9787111699545 | 智能网联汽车概论（全彩印刷） | 吴荣辉 吴论生 | 59.9 |
| 9787111698081 | 新能源汽车结构原理与检修（全彩印刷） | 吴荣辉 | 65 |
| 9787111683056 | 新能源汽车认知与应用（第2版）（全彩印刷） | 吴荣辉 李颖 | 55 |
| 9787111615767 | 新能源汽车概论（全彩印刷） | 张斌 蔡春华 | 49 |
| 9787111644385 | 新能源汽车电力电子技术（全彩印刷） | 冯津 钟永刚 | 49 |
| 9787111684428 | 新能源汽车高压安全与防护（全彩印刷） | 吴荣辉 金朝昆 | 45 |
| 9787111610175 | 新能源汽车动力电池及充电系统检修（全彩印刷） | 许云 赵良红 | 55 |
| 9787111613183 | 新能源汽车电机驱动系统检修（全彩印刷） | 王毅 巩航军 | 49 |
| 9787111613206 | 新能源汽车辅助系统检修（全彩印刷） | 任春晖 李颖 | 45 |
| 9787111646242 | 新能源汽车维护与故障诊断（全彩印刷） | 王强 等 | 55 |
| 9787111670469 | 新能源汽车结构原理与检修（彩色版） | 康杰 等 | 55 |

（续）

| 书号 | 书名 | 作者 | 定价（元） |
|---|---|---|---|
| 9787111448389 | 电动汽车动力电池管理系统原理与检修 | 朱升高 等 | 59.9 |
| 9787111675372 | 新能源汽车动力蓄电池与驱动电机系统结构原理及检修 | 周旭 石未华 | 49.9 |
| 9787111672999 | 电动汽车结构原理与故障诊断（第2版）（配实训工作手册） | 陈黎明 冯亚朋 | 69.9 |
| 9787111623625 | 电动汽车结构原理与维修 | 朱升高 等 | 49 |
| 9787111610717 | 新能源汽车结构与维修（第2版） | 蔡兴旺 康晓清 | 49 |
| 9787111591566 | 电动汽车电机控制与驱动技术 | 严朝勇 | 45 |
| 9787111484868 | 电动汽车动力电池及电源管理（"十二五"职业教育国家规划教材） | 徐艳民 | 35 |
| 9787111660972 | 新能源汽车专业英语 | 宋进桂 徐永亮 | 45 |
| 9787111684862 | 智能网联汽车技术概论（彩色版配视频） | 程增木 康杰 | 55 |
| 9787111674559 | 混合动力汽车结构与检修一体化教程（彩色版）（附赠习题册含工作任务单） | 汤茂银 | 55 |
| 传统汽车专业教材 | | | |
| 9787111678892 | 汽车构造与原理（彩色版） | 谢伟钢 范盈圻 | 59 |
| 9787111702474 | 汽车销售基础与实务（全彩印刷） | 周瑞丽 冯霞 | 59 |
| 9787111678151 | 汽车网络与新媒体营销（全彩印刷） | 田凤霞 | 59.9 |
| 9787111687085 | 汽车销售实用教程（第2版）（全彩印刷） | 林绪东 葛长兴 | 55 |
| 9787111687351 | 汽车自动变速器原理与诊断维修（彩色版） | 张月相 张雾琳 | 65 |
| 9787111704225 | 汽车机械基础一体化教程（彩色版配实训工作页） | 广东合赢 | 59 |
| 9787111698098 | 汽车检测与故障诊断一体化教程（彩色版配工作页） | 秦志刚 梁卫强 | 69 |
| 9787111699934 | 汽车舒适与安全系统原理检修一体化教程（配任务工单） | 栾琪文 | 59.9 |
| 9787111711667 | 汽车发动机电控系统结构原理与检修（彩色版配实训工单） | 李先伟 吴荣辉 | 59 |
| 9787111689218 | 汽车底盘电控系统原理与检修一体化教程（彩色版）（附实训工作页） | 杨智勇 金艳秋 翟静 | 69 |
| 9787111676836 | 汽车底盘机械系统构造与检修一体化教程（全彩印刷） | 杨智勇 黄艳玲 李培军 | 59 |
| 9787111699637 | 汽车电气设备结构原理与检修（配实训工单）（全彩印刷） | 管伟雄 吴荣辉 | 69 |
| 汽车维修必读 | | | |
| 9787111715054 | 动画图解汽车构造原理与维修 | 胡欢贵 | 99.9 |
| 9787111708261 | 汽车常见故障诊断与排除速查手册（赠全套352分钟维修微课）（双色印刷） | 邱新生 刘国纯 | 79 |
| 9787111649571 | 新能源汽车维修完全自学手册 | 胡欢贵 | 85 |
| 9787111663546 | 汽车构造原理从入门到精通（彩色图解+视频） | 于海东 蔡晓兵 | 78 |
| 9787111626367 | 新能源汽车维修从入门到精通（彩色图解+视频） | 杜慧起 | 89 |
| 9787111661290 | 汽车电工从入门到精通（彩色图解+视频） | 于海东 蔡晓兵 | 78 |
| 9787111602699 | 汽车维修从入门到精通（彩色图解+视频）（附赠汽车故障诊断图表手册） | 于海东 | 78 |

高职高专新能源汽车专业"1+X"课证融通新形态教材

# 新能源汽车整车控制系统检修

## 实训工单

**New Energy Vehicle**

吴东盛　杨正荣　沐俊杰　主编

| 班　　级： | 学　　号： |
| 姓　　名： | 指导老师： |

机械工业出版社

CHINA MACHINE PRESS

# 目 录 Contents

实训工单一　整车控制器检修　　　　　　　　　　　　　　　　　　...001

实训工单二　整车控制系统传感器检修　　　　　　　　　　　　　　...008

实训工单三　整车控制系统执行器检修　　　　　　　　　　　　　　...018

实训工单四　中央集控器通信故障检修　　　　　　　　　　　　　　...027

实训工单五　车辆灯光系统故障检修　　　　　　　　　　　　　　　...039

实训工单六　车辆舒适系统故障检修　　　　　　　　　　　　　　　...050

# 实训工单一　整车控制器检修

## 一、接受任务

小张是一家电动汽车 4S 店的维修助理。今天店里接到一位客户来电反映打开启动开关后仪表盘上有多个故障灯点亮，不显示 READY，换档旋钮旋至 D 位或 R 位，车辆均无法行驶。通过拖车服务送到维修站后，经检查，确认是整车控制器（VCU）的故障，故障码为 P1C9704，经修复后故障消失。

## 二、收集信息

### 1. 知识准备

1）查阅吉利 EV450 电路图，VCU 电源故障图所在页码为_____。

2）画出 VCU 与前机舱熔丝继电器盒的线路简图。

3）EV450 VCU 线束插接器端子的编号_____。

4）VCU 电源电路常见的故障有_____。

### 2. 技能准备

找出 VCU 电源电路，对照填写下表。

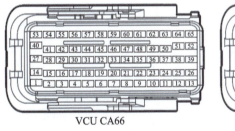

VCU CA66

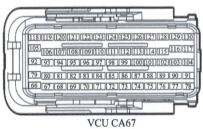

VCU CA67

| 连接端子 | 端子描述 | 线色 | 条件 | 正常值 |
|---|---|---|---|---|
| EF19 | | | | |
| EF29 | | | | |
| CA66/12 | | | | |
| CA66/50 | | | | |
| CA66/1 | | | | |
| CA66/2 | | | | |
| CA66/26 | | | | |
| CA66/54 | | | | |

### 3. 工具准备

完成电源电路故障检修，需要哪些工具？

| 序号 | 工具名称 | 工具数量 | 使用注意 |
|---|---|---|---|
| 1 | | | |
| 2 | | | |
| 3 | | | |
| 4 | | | |
| 5 | | | |

## 三、制订计划

1）根据任务要求制订实训计划。

2）请根据操作计划，完成小组成员任务分工。

| 主操作人 | | 记录员 | |
|---|---|---|---|
| 监护人 | | 展示员 | |

## 四、任务实施

### 1. 作业前准备

整车控制器电源故障检修

| 作业图例 | 作业内容 | 完成情况 | | |
|---|---|---|---|---|
| （车间现场图片） | 作业前现场环境检查 | □ 规范着装<br>□ 拉设安全围挡<br>□ 放置安全警示牌<br>□ 检查灭火器<br>□ 检查测量终端状态<br>□ 铺设防护四件套 | | |
| 安全帽　护目镜<br>绝缘鞋　绝缘手套 | 防护用具检查 | □ 检查绝缘手套<br>□ 检查护目镜<br>□ 检查安全帽<br>□ 检查绝缘鞋 | | |
| 诊断仪　放电工装<br>万用表　绝缘测试仪 | 仪表工具检查 | □ 检查万用表、绝缘检测仪是否正常<br>□ 检查故障诊断仪是否正常<br>□ 检查绝缘工具是否齐全、正常<br>□ 检查放电工装是否正常<br>□ 检查维修手册、电路图是否完备 | | |
| （绝缘地垫测量图片） | 测量绝缘地垫绝缘电阻 | 测量值<br>＿＿Ω | 标准值<br>＿＿Ω | 判别<br>□ 正常<br>□ 异常 |

## 2. 登记车辆基本信息

| 项目 | 内容 | 完成情况 |
|---|---|---|
| 品牌 | | □是 □否 |
| VIN | | □是 □否 |
| 生产日期 | | □是 □否 |
| 动力电池 | 型号：　　　　　额定容量： | □是 □否 |
| 驱动电机 | 型号：　　　　　额定功率： | □是 □否 |
| 行驶里程 | km | □是 □否 |

## 3. 用诊断仪读取故障码

| 作业图例 | 作业内容 | 完成情况 | |
|---|---|---|---|
| | 关闭启动开关 | □是 □否 | |
| | 将 OBD Ⅱ 测量线连接至 VCI 设备 | □是 □否 | |
| | 连接车辆 OBD 诊断座，VCI 设备电源指示灯亮起 | □是 □否 | |
| | 打开启动开关 | □是 □否 | |
| | 选择相应车型并读取故障码 | 故障码 | 含义 |
| | | | |
| | | | |
| | | | |
| | 读取与故障相关数据流 | 数据流名称 | 数据值 |
| | | | |
| | | | |
| | | | |

## 4. 检查 VCU 熔丝

| 作业图例 | 作业内容 | 完成情况 | |
|---|---|---|---|
| | 检查 VCU 熔丝 EF19 是否熔断 | □是 | □否 |
| | 检查 VCU 熔丝 EF29 是否熔断 | □是 | □否 |
| | EF19、EF29 线路是否有断路故障 | □是 | □否 |

## 5. 检查 VCU 插接器 CA66 端子电压

| 作业图例 | 作业内容 | 完成情况 | | |
|---|---|---|---|---|
| | 将启动开关置于 OFF 档，断开 VCU 线束插接器 CA66 | □是 □否 | | |
| CA66 VCU 线束插接器 A | 用万用表直流 20V 档测量 CA66/12-CA66/1、CA66/50-CA66/1 电压 | 测量值<br>___V | 标准值<br>___V | 判断<br>□正常<br>□异常 |

## 6. 检查 VCU 插接器 CA66 搭铁端子导通性

| 作业图例 | 作业内容 | 完成情况 | | |
|---|---|---|---|---|
| | | 测量值 | 标准值 | 判断 |
| CA66 VCU 线束插接器 A | 将启动开关置于 OFF 档，测量 CA66/1、CA66/2、CA66/26、CA66/54 与车身搭铁电阻 | ___Ω | ___Ω | □正常<br>□异常 |

## 7. 恢复场地

| 作业图例 | 作业内容 | 完成情况 |
|---|---|---|
|  | 关闭车辆启动开关 | □是 □否 |
|  | 收起并整理防护四件套 | □是 □否 |
|  | 关闭测量平台一体机 | □是 □否 |
|  | 关闭测量平台电源开关 | □是 □否 |
|  | 清洁并整理测量平台 | □是 □否 |
|  | 清洁防护用具并归位 | □是 □否 |
|  | 清洁整理仪器设备与工具 | □是 □否 |
|  | 清洁实训场地 | □是 □否 |
|  | 收起安全警示牌 | □是 □否 |
|  | 收起安全围挡 | □是 □否 |

## 五、过程检查

1）自我评价或小组评价。

| 序号 | 检查项目 | 权重 | 自我评价 |
|---|---|---|---|
| 1 | 信息收集完成情况 | 20 |  |
| 2 | 制订计划合理性 | 10 |  |
| 3 | 实施过程完成的正确性 | 45 |  |
| 4 | 学生在实施过程的参与程度 | 15 |  |
| 5 | 安全防护与 6S 操作 | 10 |  |
|  | 总成绩 |  |  |

2）自我反思或小组反思：根据自己在课堂上的实际表现进行自我反思。

## 六、反馈总结

### 1. 实训过程评分

实训指导教师按下述评分标准检查本组作业结果：

| 项目 | 内容 | 评分标准 | 得分 |
| --- | --- | --- | --- |
| 知识点<br>（30分） | 了解 VCU 电源故障的现象（10分） | 视操作情况扣分 | |
| | 能画出 VCU 电源电路简图（10分） | 不熟悉视情扣分 | |
| | 能写出各个端口的含义（10分） | 端子错误每项扣3分 | |
| 技能点<br>（45分） | 正确连接诊断仪并读取相关数据（10分） | 视完成情况扣分 | |
| | 正确检查熔丝 EF19、EF29 是否熔断（10分） | 视完成情况扣分 | |
| | 正确检查 VCU 线束插接器的电压（5分） | 视完成情况扣分 | |
| | 正确检查 VCU 线束插接器的搭铁导通性（10分） | 视完成情况扣分 | |
| | 正确更换 VCU，若 VCU 无故障，则说明出现故障码及故障现象的原因（10分） | 视完成情况扣分 | |
| 素质点<br>（25分） | 严格执行操作规范（10分） | 视不规范情况扣分 | |
| | 任务完成的熟练程度（10分） | 视完成情况扣分 | |
| | 6S 管理（5分） | 视完成情况扣分 | |
| 总分 | | | |

### 2. 改进与提升

实训指导教师检查本组作业结果，针对实训过程出现的问题提出改进措施与提升训练计划。

（1）改进措施：

（2）提升训练计划：

# 实训工单二　整车控制系统传感器检修

## 一、接受任务

一辆吉利帝豪 EV450 纯电动车，客户反映踩下加速踏板无反应，车辆无法加速，仪表上显示车辆进入跛行状态。经检查，加速踏板位置传感器损坏，更换加速踏板总成后故障消失。你知道加速踏板传感器的工作原理吗？如何检测？

## 二、收集信息

1）若传感器及其电路（如加速踏板信号、制动开关信号、档位开关信号等）故障，整车控制器 VCU 将无法通过整车状态信息来判断驾驶员的需求，汽车会出现_____故障，画图说明。

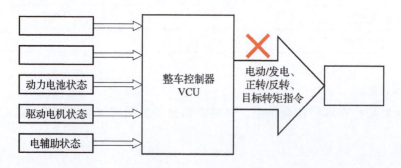

2）在下图的框中填出 EV450 高压上电控制系统各控制器和部件的名称，并简述 EV450 整车控制器与传感器的关系。

整车控制器与传感器的关系：_____
_____
_____
_____
_____
_____
_____

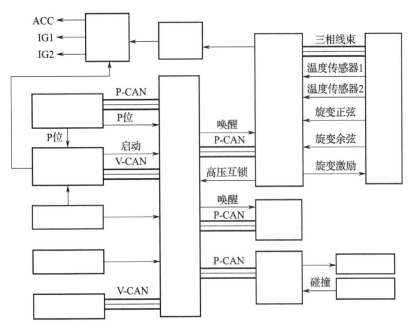

3）EV450上电控制条件包括_____、_____、高压互锁信号、旋变传感器信号、电机温度传感器信号、碰撞信号、整车漏电信号、_____等。

4）查阅电路图，吉利EV450加速踏板传感器电路图页码_____，制动开关线束插接器编号为_____。VCU加速踏板信号端子分别为_____、_____、_____、_____、_____，加速踏板侧的端子为_____、_____、_____、_____、_____。

5）画出加速踏板传感器电路简图。

6）滑动触点传感器是典型的_____式加速踏板位置传感器，两个滑动触点传感器安装在_____，滑动触点传感器的电阻和传送至整车控制器的_____随着加速踏板位置的变化而变化。

7）以下是整车控制器功能的是_____（多选）。
  A. 控制车辆行驶     B. 整车的网络化管理
  C. 故障诊断预处理     D. 制动能量回馈控制

8）为什么加速踏板位置传感器要使用两个电阻特性不同的信号进行检测？

_____

_____

## 三、制订计划

1）根据任务要求制订实训计划。

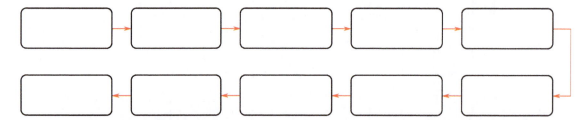

2）请根据操作计划，完成小组成员任务分工。

| 主操作人 |  | 记录员 |  |
|---|---|---|---|
| 监护人 |  | 展示员 |  |

## 四、任务实施

加速踏板位置传感器故障检修

### 1. 作业前准备

| 作业图例 | 作业内容 | 完成情况 |
|---|---|---|
|  | 作业前现场环境检查 | □ 规范着装<br>□ 拉设安全围挡<br>□ 放置安全警示牌<br>□ 检查灭火器<br>□ 检查测量终端状态<br>□ 铺设防护四件套 |
| 安全帽　护目镜<br>绝缘鞋　绝缘手套 | 防护用具检查 | □ 检查绝缘手套<br>□ 检查护目镜<br>□ 检查安全帽<br>□ 检查绝缘鞋 |

（续）

| 作业图例 | 作业内容 | 完成情况 | | |
|---|---|---|---|---|
| 诊断仪　　放电工装<br>万用表　　绝缘测试仪 | 仪表工具检查 | ☐ 检查万用表、绝缘检测仪是否正常<br>☐ 检查故障诊断仪是否正常<br>☐ 检查绝缘工具是否齐全、正常<br>☐ 检查放电工装是否正常<br>☐ 检查维修手册、电路图是否完备 | | |
| | 测量绝缘地垫绝缘电阻 | 测量值<br>＿＿Ω | 标准值<br>＿＿Ω | 判别<br>☐ 正常<br>☐ 异常 |

## 2. 登记车辆基本信息

| 项目 | 内容 | 完成情况 |
|---|---|---|
| 品牌 | | ☐ 是　☐ 否 |
| VIN | | ☐ 是　☐ 否 |
| 生产日期 | | ☐ 是　☐ 否 |
| 动力电池 | 型号：　　　　额定容量： | ☐ 是　☐ 否 |
| 驱动电机 | 型号：　　　　额定功率： | ☐ 是　☐ 否 |
| 行驶里程 | km | ☐ 是　☐ 否 |

## 3. 用诊断仪读取故障码

| 作业图例 | 作业内容 | 完成情况 |
|---|---|---|
| 将OBD-II测量线连接至VCI设备 | 关闭启动开关 | ☐ 是　☐ 否 |
| | 将OBD II测量线连接至VCI设备 | ☐ 是　☐ 否 |
| | 连接车辆OBD诊断座，VCI设备电源指示灯亮起 | ☐ 是　☐ 否 |

（续）

| 作业图例 | 作业内容 | 完成情况 | |
|---|---|---|---|
| | 打开启动开关 | □是 □否 | |
| | 选择吉利EV450并读取整车故障码 | 故障码 | 含义 |
| | | | |
| | | | |
| | | | |
| | | | |
| | | | |
| | 读取VCU相关数据流 | 数据流名称 | 数据值 |
| | | | |
| | | | |
| | | | |
| | | | |
| | | | |
| | | | |

## 4. 检查加速踏板与VCU之间的线束

| 作业图例 | 作业内容 | 完成情况 |
|---|---|---|
| | 将启动开关置于OFF档 | □是 □否 |
| | 断开蓄电池负极，并至少等待90s以上 | □是 □否 |
| | 断开VCU线束插接器CA67 | □是 □否 |

（续）

| 作业图例 | 作业内容 | 完成情况 | | |
|---|---|---|---|---|
| | 断开加速踏板线束插接器IP63 | □是　□否 | | |
| CA67 VCU 模块线束插接器 B<br><br>IP63 电子加速踏板线束插接器 | 测量 CA67/99 与 IP63/1 之间的电阻值 | 测量值<br>____Ω | 标准值<br><1Ω | 判断<br>□正常<br>□异常 |
| | 测量 CA67/123 与 IP63/5 之间的电阻值 | 测量值<br>____Ω | 标准值<br><1Ω | 判断<br>□正常<br>□异常 |
| | 测量 CA67/112 与 IP63/6 之间的电阻值 | 测量值<br>____Ω | 标准值<br><1Ω | 判断<br>□正常<br>□异常 |
| | 测量 CA67/100 与 IP63/2 之间的电阻值 | 测量值<br>____Ω | 标准值<br><1Ω | 判断<br>□正常<br>□异常 |
| | 测量 CA67/124 与 IP63/3 之间的电阻值 | 测量值<br>____Ω | 标准值<br><1Ω | 判断<br>□正常<br>□异常 |
| | 测量 CA67/111 与 IP63/4 之间的电阻值 | 测量值<br>____Ω | 标准值<br><1Ω | 判断<br>□正常<br>□异常 |

检测分析：

## 5. 检查加速踏板线束插接器对搭铁短接

| 作业图例 | 作业内容 | 完成情况 |
|---|---|---|
| | 将启动开关置于 OFF 档 | □是　□否 |
| | 断开蓄电池负极，并至少等待 90s 以上 | □是　□否 |

（续）

| 作业图例 | 作业内容 | 完成情况 | | |
|---|---|---|---|---|
| | 断开 VCU 线束插接器 CA67 | □是　□否 | | |
| | 断开加速踏板线束插接器 IP63 | □是　□否 | | |
| IP63 电子加速踏板线束插接器 | 测量线束插接器 IP63/1 与车身搭铁之间的电阻值 | 测量值<br>____kΩ | 标准值<br>> 10kΩ | 判断<br>□正常<br>□异常 |
| | 测量线束插接器 IP63/2 与车身搭铁之间的电阻值 | 测量值<br>____kΩ | 标准值<br>> 10kΩ | 判断<br>□正常<br>□异常 |
| | 测量线束插接器 IP63/3 与车身搭铁之间的电阻值 | 测量值<br>____kΩ | 标准值<br>> 10kΩ | 判断<br>□正常<br>□异常 |
| | 测量线束插接器 IP63/4 与车身搭铁之间的电阻值 | 测量值<br>____kΩ | 标准值<br>> 10kΩ | 判断<br>□正常<br>□异常 |
| | 测量线束插接器 IP63/5 与车身搭铁之间的电阻值 | 测量值<br>____kΩ | 标准值<br>> 10kΩ | 判断<br>□正常<br>□异常 |
| | 测量线束插接器 IP63/6 与车身搭铁之间的电阻值 | 测量值<br>____kΩ | 标准值<br>> 10kΩ | 判断<br>□正常<br>□异常 |

检测分析：

## 实训工单二　整车控制系统传感器检修

### 6. 检查加速踏板线束插接器对电源短路

| 作业图例 | 作业内容 | 完成情况 | | |
|---|---|---|---|---|
| | 连接蓄电池负极 | □是　□否 | | |
| | 操作启动开关置于 ON 状态 | □是　□否 | | |
| IP63 电子加速踏板线束插接器 | 测量线束插接器 IP63/1 与车身搭铁之间的电压值 | 测量值<br>____ V | 标准值<br>0V | 判断<br>□正常<br>□异常 |
| | 测量线束插接器 IP63/2 与车身搭铁之间的电压值 | 测量值<br>____ V | 标准值<br>0V | 判断<br>□正常<br>□异常 |
| | 测量线束插接器 IP63/3 与车身搭铁之间的电压值 | 测量值<br>____ V | 标准值<br>0V | 判断<br>□正常<br>□异常 |
| | 测量线束插接器 IP63/4 与车身搭铁之间的电压值 | 测量值<br>____ V | 标准值<br>0V | 判断<br>□正常<br>□异常 |
| | 测量线束插接器 IP63/5 与车身搭铁之间的电压值 | 测量值<br>____ V | 标准值<br>0V | 判断<br>□正常<br>□异常 |
| | 测量线束插接器 IP63/6 与车身搭铁之间的电压值 | 测量值<br>____ V | 标准值<br>0V | 判断<br>□正常<br>□异常 |

检测分析：

### 7. 恢复场地

| 作业图例 | 作业内容 | 完成情况 |
|---|---|---|
| | 关闭车辆启动开关 | □是 □否 |
| | 收起并整理防护四件套 | □是 □否 |
| | 关闭测量平台一体机 | □是 □否 |
| | 关闭测量平台电源开关 | □是 □否 |
| | 清洁并整理测量平台 | □是 □否 |
| | 清洁防护用具并归位 | □是 □否 |
| | 清洁整理仪器设备与工具 | □是 □否 |
| | 清洁实训场地 | □是 □否 |
| | 收起安全警示牌 | □是 □否 |
| | 收起安全围挡 | □是 □否 |

## 五、过程检查

1）自我评价或小组评价。

| 序号 | 检查项目 | 权重 | 自我评价 |
|---|---|---|---|
| 1 | 信息收集完成情况 | 20 | |
| 2 | 制订计划合理性 | 10 | |
| 3 | 实施过程完成的正确性 | 45 | |
| 4 | 学生在实施过程的参与程度 | 15 | |
| 5 | 安全防护与 6S 操作 | 10 | |
| | 总成绩 | | |

2）自我反思或小组反思：根据自己在课堂上的实际表现进行自我反思。

## 六、反馈总结

### 1. 实训过程评分

实训指导教师按下述评分标准检查本组作业结果：

| 项目 | 内容 | 评分标准 | 得分 |
| --- | --- | --- | --- |
| 知识点<br>（30分） | 能说出加速踏板传感器的结构与工作原理（10分） | 视熟悉程度扣分 | |
| | 能画图说明整车控制器与传感器的关系（10分） | 正确说明上电控制过程 | |
| | 能通过故障现象判断故障可能的原因（10分） | 视原因分析的准确性扣分 | |
| 技能点<br>（45分） | 能正确检查加速踏板与VCU之间的线束（10分） | 视完成情况扣分 | |
| | 能正确检查温度执行器线束插接器对搭铁短路（15分） | 端子错误每项扣3分 | |
| | 能正确检加速踏板线束插接器对搭铁短路。（20分） | 视操作情况扣分 | |
| 素质点<br>（25分） | 严格执行操作规范（10分） | 视不规范情况扣分 | |
| | 任务完成的熟练程度（10分） | 视完成情况扣分 | |
| | 6S管理（5分） | 视完成情况扣分 | |
| | 总分 | | |

### 2. 改进与提升

实训指导教师检查本组作业结果，针对实训过程出现的问题提出改进措施与提升训练计划。

（1）改进措施：

（2）提升训练计划：

# 实训工单三　整车控制系统执行器检修

## 一、接受任务

一辆吉利 EV450 汽车行驶几百米后驱动电机功率限制警告灯和驱动电机过热警告灯亮，动力不足。经过维修技师检测，输出故障码为"P1C1352- 电机水泵继电器故障"，判断为电机冷却水泵不工作导致，需要对电机冷却水泵控制电路进行检修。

## 二、收集信息

1）完成驱动电机冷却系统冷却液循环流动图。

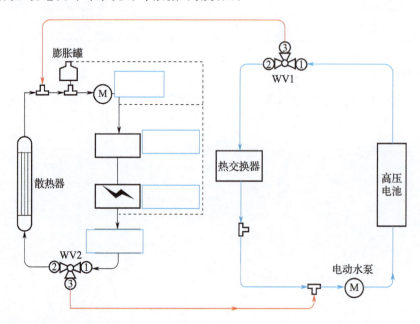

2）水泵按作用原理可分为_____。
3）下图是_____的机构示意图。
4）电动水泵的驱动方式是_____，它的作用是_____，使其在电机冷却系统流道内循环流动。同时在_____、_____等部件的配合工作下，调节冷却液的温度在一定的范围之内，保证电机的正常工作。
5）完成下图冷却系控制过程。

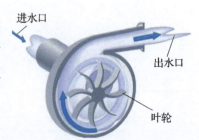

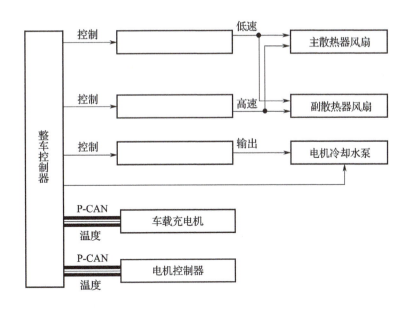

6）查阅电路图，吉利 EV450 水泵控制电路图页码_____，电机水泵与前机舱熔丝继电器盒的插接器是_____，电机水泵与 VCU 侧的端子分别为_____。

7）画出电机水泵控制电路简图。

## 三、制订计划

1）根据任务要求制订实训计划。

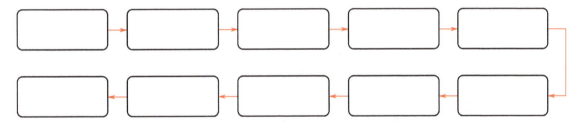

2）请根据操作计划，完成小组成员任务分工。

| 主操作人 | | 记录员 | |
|---|---|---|---|
| 监护人 | | 展示员 | |

## 四、任务实施

### 1. 作业前准备

驱动电机水泵故障检修

| 作业图例 | 作业内容 | 完成情况 | | |
|---|---|---|---|---|
| 作业前现场 | 作业前现场环境检查 | □ 规范着装<br>□ 拉设安全围挡<br>□ 放置安全警示牌<br>□ 检查灭火器<br>□ 检查测量终端状态<br>□ 铺设防护四件套 | | |
| 安全帽　护目镜<br>绝缘鞋　绝缘手套 | 防护用具检查 | □ 检查绝缘手套<br>□ 检查护目镜<br>□ 检查安全帽<br>□ 检查绝缘鞋 | | |
| 诊断仪　放电工装<br>万用表　绝缘测试仪 | 仪表工具检查 | □ 检查万用表、绝缘检测仪是否正常<br>□ 检查故障诊断仪是否正常<br>□ 检查绝缘工具是否齐全、正常<br>□ 检查放电工装是否正常<br>□ 检查维修手册、电路图是否完备 | | |
| | | 测量值 | 标准值 | 判别 |
| | 测量绝缘地垫绝缘电阻 | ___Ω | ___Ω | □ 正常<br>□ 异常 |

## 2. 登记车辆基本信息

| 项目 | 内容 | 完成情况 |
|---|---|---|
| 品牌 | | □是 □否 |
| VIN | | □是 □否 |
| 生产日期 | | □是 □否 |
| 动力电池 | 型号：　　　　额定容量： | □是 □否 |
| 驱动电机 | 型号：　　　　额定功率： | □是 □否 |
| 行驶里程 | km | □是 □否 |

## 3. 用诊断仪读取故障码

| 作业图例 | 作业内容 | 完成情况 | |
|---|---|---|---|
| | 关闭启动开关 | □是　□否 | |
| | 将 OBD Ⅱ 测量线连接至 VCI 设备 | □是　□否 | |
| | 连接车辆 OBD 诊断座，VCI 设备电源指示灯亮起 | □是　□否 | |
| | 打开启动开关 | □是　□否 | |
| | 选择吉利 EV450 并读取整车故障码 | 故障码 | 含义 |
| | | | |
| | | | |
| | | | |
| | 读取 VCU 相关数据流 | 数据流名称 | 数据值 |
| | | | |
| | | | |
| | | | |
| | | | |

## 4. 检查水泵继电器 ER04 及其电路

| 作业图例 | 作业内容 | 完成情况 | |
|---|---|---|---|
| | 检查电机水泵继电器 ER04 是否损坏 | □是 | □否 |
| | 检查电机水泵继电器 ER04 线路是否有线路短路现象 | □是 | □否 |
| | 进行线路修理，确认没有电路短路现象 | □是 | □否 |
|  | 必要时使用同型号继电器替换检查 | □是 | □否 |

检测分析：

## 5. 检查水泵继电器控制信号线路

| 作业图例 | 作业内容 | 完成情况 | | |
|---|---|---|---|---|
| | 操作启动开关，置于 OFF 档 | □是 □否 | | |
| | 断开蓄电池负极电缆，并至少等待 90s 以上 | □是 □否 | | |
| | 断开 VCU 线束插接器 CA67，操作启动开关，置于 ON 状态 | □是 □否 | | |
| | 测量 CA67/115 与车身搭铁之间的电压值 | 测量值 | 标准值 | 判断 |
| | | ____V | 11~14V | □正常 □异常 |

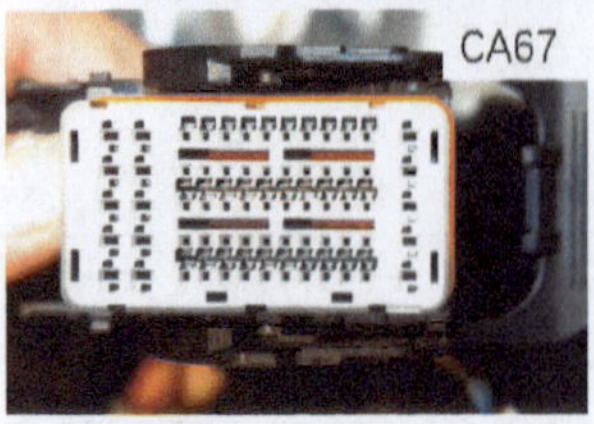

检测分析：

## 6. 检查 VCU 线束插接器（端子电压）

| 作业图例 | 作业内容 | 完成情况 | | |
|---|---|---|---|---|
| | 操作启动开关，置于 OFF 档 | □是　□否 | | |
| | 断开蓄电池负极电缆，并至少等待 90s 以上 | □是　□否 | | |
| | 断开 VCU 线束插接器 CA66，操作启动开关，至 ON 状态 | □是　□否 | | |
| | | 测量值 | 标准值 | 判断 |
| | 测量 CA66/12 与车身搭铁之间的电压值 | ___V | 11~14V | □正常<br>□异常 |
| | | 测量值 | 标准值 | 判断 |
| | 测量 CA66/50 与车身搭铁之间的电压值 | ___V | 11~14V | □正常<br>□异常 |

检测分析：

## 7. 检查 VCU 线束插接器（搭铁端子导通性）

| 作业图例 | 作业内容 | 完成情况 | | |
|---|---|---|---|---|
| | 将启动开关置于 OFF 档 | □是 □否 | | |
| | 测量 VCU 线束插接器端子 CA67/1 与车身搭铁之间的电阻值 | 测量值<br>____Ω | 标准值<br>< 1Ω | 判断<br>□正常<br>□异常 |
| | 测量 VCU 线束插接器端子 CA67/2 与车身搭铁之间的电阻值 | 测量值<br>____Ω | 标准值<br>< 1Ω | 判断<br>□正常<br>□异常 |
| | 测量 VCU 线束插接器端子 CA67/26 与车身搭铁之间的电阻值 | 测量值<br>____Ω | 标准值<br>< 1Ω | 判断<br>□正常<br>□异常 |
| | 测量 VCU 线束插接器端子 CA67/54 与车身搭铁之间的电阻值 | 测量值<br>____Ω | 标准值<br>< 1Ω | 判断<br>□正常<br>□异常 |

检测分析：

## 8. 恢复场地

| 作业图例 | 作业内容 | 完成情况 |
|---|---|---|
| | 关闭车辆启动开关 | □是 □否 |
| | 收起并整理防护四件套 | □是 □否 |
| | 关闭测量平台一体机 | □是 □否 |
| | 关闭测量平台电源开关 | □是 □否 |
| | 清洁并整理测量平台 | □是 □否 |
| | 清洁防护用具并归位 | □是 □否 |
| | 清洁整理仪器设备与工具 | □是 □否 |
| | 清洁实训场地 | □是 □否 |
| | 收起安全警示牌 | □是 □否 |
| | 收起安全围挡 | □是 □否 |

## 五、过程检查

1）自我评价或小组评价。

| 序号 | 检查项目 | 权重 | 自我评价 |
|---|---|---|---|
| 1 | 信息收集完成情况 | 20 | |
| 2 | 制订计划合理性 | 10 | |
| 3 | 实施过程完成的正确性 | 45 | |
| 4 | 学生在实施过程的参与程度 | 15 | |
| 5 | 安全防护与6S操作 | 10 | |
| | 总成绩 | | |

2）自我反思或小组反思：根据自己在课堂上的实际表现进行自我反思。

## 六、反馈总结

### 1. 实训过程评分

实训指导教师按下述评分标准检查本组作业结果：

| 项目 | 内容 | 评分标准 | 得分 |
|---|---|---|---|
| 知识点（30分） | 能说出电机冷却系统的工作原理（10分） | 视熟悉程度扣分 | |
| | 能画图说明冷却系统的控制过程（10分） | 正确说明冷却系统控制过程 | |
| | 能通过故障现象判断故障可能的原因（10分） | 视原因分析的准确性扣分 | |
| 技能点（45分） | 能正确检查水泵继电器ER04（10分） | 视完成情况扣分 | |
| | 能正确检查水泵控制信号线路（15分） | 端子错误每项扣3分 | |
| | 能正确检查VCU插接器端子电压及导通性（20分） | 视操作情况扣分 | |
| 素质点（25分） | 严格执行操作规范（10分） | 视不规范情况扣分 | |
| | 任务完成的熟练程度（10分） | 视完成情况扣分 | |
| | 6S管理（5分） | 视完成情况扣分 | |
| | 总分 | | |

## 2. 改进与提升

实训指导教师检查本组作业结果,针对实训过程出现的问题提出改进措施与提升训练计划。

(1)改进措施:

(2)提升训练计划:

# 实训工单四　中央集控器通信故障检修

## 一、接受任务

一辆行驶里程约 3 万 km 的吉利帝豪 EV450，客户孙先生反映该车左前车窗无法降落，要求检修。通过故障诊断仪访问 BCM，显示故障码"U022287- 与左前车窗防夹模块通信丢失"，需要对 BCM 通信系统进行检修。

## 二、收集信息

1) _____ 是 Controller Area Network（控制器局域网）的缩写，其含义是控制单元（ECU）通过网络进行数据交换，是国际标准化的串行通信协议。汽车上的 CAN 总线的基本网络结构为 _____ 系统，由多个主控模块一起组成网络，彼此之间 _____（有/没有）从属关系。

2) CAN 总线系统元件主要由 _____ 等组成。

3) 下图为一汽大众奥迪 A6L（C6）的舒适 CAN 总线系统的模块分布图。请说明舒适 CAN 有哪些控制功能以及 CAN-H 和 CAN-L 有何作用。

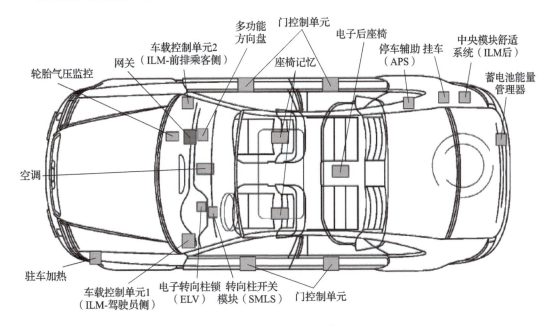

_____
_____

4）查阅维修手册，简述吉利帝豪 EV450 BCM CAN 唤醒的条件。

5）查阅维修手册，简述吉利帝豪 EV450 更换 BCM 后应如何设置。

6）LIN 是 Local Interconnect Network 的英文缩写，是一种用于分布式电子系统的新型低成本串行通信网络。LIN 总线特点：＿＿＿＿＿＿，能够实现控制单元功能更为合理的分配，提高性能。

7）关于 LIN 总线常见的故障，请填表。

| 故障位置 | 故障内容 | 故障原因 |
| --- | --- | --- |
| LIN 从控制单元，如鼓风机调节器 | 无信号/无法通信 | 1. 在 LIN 主控制单元已规定好的时间间隔内，LIN 从控制单元数据传递有故障<br>2. ＿＿＿＿＿＿<br>3. LIN 从控制单元供电有故障<br>4. LIN 从控制单元或 LIN 主控制单元型号错误<br>5. ＿＿＿＿＿＿ |
| LIN 从控制单元，如鼓风机调节器 | 不可靠信号 | 1. 检验出错，传递的信息不完整<br>2. ＿＿＿＿＿＿<br>3. ＿＿＿＿＿＿（如插头壳体潮湿或脏污）<br>4. 软件故障（备件型号错误） |

8）请画出 BCM 与驾驶员车窗防夹模块的通信电路图。

## 三、制订计划

1）根据任务要求制订实训计划。

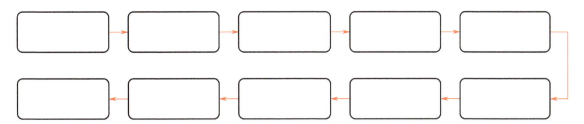

2）请根据操作计划，完成小组成员任务分工。

| 主操作人 | | 记录员 | |
| --- | --- | --- | --- |
| 监护人 | | 展示员 | |

## 四、任务实施

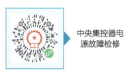

中央集控器电源故障检修

### 1. 作业前准备

| 作业图例 | 作业内容 | 完成情况 |
| --- | --- | --- |
| | 作业前现场环境检查 | □ 规范着装<br>□ 拉设安全围挡<br>□ 放置安全警示牌<br>□ 检查灭火器<br>□ 检查测量终端状态<br>□ 铺设防护四件套 |
| 安全帽　护目镜<br>绝缘鞋　绝缘手套 | 防护用具检查 | □ 检查绝缘手套<br>□ 检查护目镜<br>□ 检查安全帽<br>□ 检查绝缘鞋 |

（续）

| 作业图例 | 作业内容 | 完成情况 | | |
|---|---|---|---|---|
| 诊断仪　　放电工装<br>万用表　　绝缘测试仪 | 仪表工具检查 | □ 检查万用表、绝缘检测仪是否正常<br>□ 检查故障诊断仪是否正常<br>□ 检查绝缘工具是否齐全、正常<br>□ 检查放电工装是否正常<br>□ 检查维修手册、电路图是否完备 | | |
| | | 测量值 | 标准值 | 判别 |
| | 测量绝缘地垫绝缘电阻 | ＿＿Ω | ＿＿Ω | □ 正常<br>□ 异常 |

## 2. 登记车辆基本信息

| 项目 | 内容 | 完成情况 |
|---|---|---|
| 品牌 | | □ 是　□ 否 |
| VIN | | □ 是　□ 否 |
| 生产日期 | | □ 是　□ 否 |
| 动力电池 | 型号：　　　　额定容量： | □ 是　□ 否 |
| 驱动电机 | 型号：　　　　额定功率： | □ 是　□ 否 |
| 行驶里程 | km | □ 是　□ 否 |

## 3. 用诊断仪读取故障码

| 作业图例 | 作业内容 | 完成情况 |
|---|---|---|
| 将OBD—II测量线连接至VCI设备 | 关闭启动开关 | □ 是　□ 否 |
| | 将OBD II 测量线连接至VCI设备 | □ 是　□ 否 |
| | 连接车辆OBD诊断座，VCI设备电源指示灯亮起 | □ 是　□ 否 |

（续）

| 作业图例 | 作业内容 | 完成情况 | |
|---|---|---|---|
| | 打开启动开关 | □是 | □否 |
| | 选择吉利 EV450 并读取整车故障码 | 故障码 | 含义 |
| | | | |
| | | | |
| | | | |
| | | | |
| | | | |

## 4. 检查 BCM 熔丝 IF19、IF20 和 IF28 线路

| 作业图例 | 作业内容 | 完成情况 | |
|---|---|---|---|
| | BCM 熔丝 IF19 是否熔断 | □是 | □否 |
| | BCM 熔丝 IF20 是否熔断 | □是 | □否 |
| | BCM 熔丝 IF28 是否熔断 | □是 | □否 |
| | 检查熔丝 IF19 线路是否有短路现象 | □是 | □否 |
| | 检查熔丝 IF20 线路是否有短路现象 | □是 | □否 |
| | 检查熔丝 IF28 线路是否有短路现象 | □是 | □否 |
| | 确认熔丝 IF19、IF20 和 IF28 的额定电流值是否为 10A | □是 | □否 |

检测分析：

## 5. 检查 BCM 线束插接器（端子电压）

| 作业图例 | 作业内容 | 完成情况 | | |
|---|---|---|---|---|
| | 操作启动开关，置于 OFF 档 | □是 □否 | | |
| | 断开 BCM 线束插接器端子 IP20a | □是 □否 | | |
| | 断开 BCM 线束插接器端子 IP23 | □是 □否 | | |
| | 操作启动开关，置于 ON 状态 | □是 □否 | | |
| | 测量 BCM IP20a 端子 7 对车身搭铁的电压 | 测量值 ____V | 标准值 11~14V | 判断 □正常 □异常 |
| | 测量 BCM IP20a 端子 8 对车身搭铁的电压 | 测量值 ____V | 标准值 11~14V | 判断 □正常 □异常 |
| | 测量 BCM IP23 端子 1 对车身搭铁的电压 | 测量值 ____V | 标准值 11~14V | 判断 □正常 □异常 |

检测分析：

## 6. 检查 BCM 线束插接器（搭铁端子导通性）

| 作业图例 | 作业内容 | 完成情况 | | |
|---|---|---|---|---|
| | 将启动开关置于 OFF 档 | □ 是　□ 否 | | |
| | 测量 IP22a 端子 7 与车身搭铁之间的电阻 | 测量值<br>____Ω | 标准值<br>< 1Ω | 判断<br>□ 正常<br>□ 异常 |
| | 测量 IP22a 端子 9 与车身搭铁之间的电阻 | 测量值<br>____Ω | 标准值<br>< 1Ω | 判断<br>□ 正常<br>□ 异常 |
| | 测量 IP22a 端子 22 与车身搭铁之间的电阻 | 测量值<br>____Ω | 标准值<br>< 1Ω | 判断<br>□ 正常<br>□ 异常 |
| 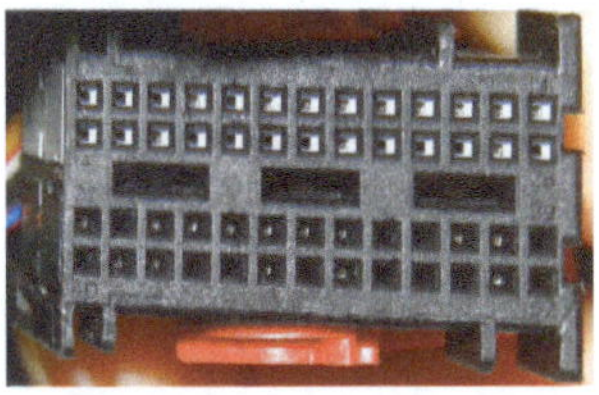 | 测量 IP20a 端子 4 与车身搭铁之间的电阻 | 测量值<br>____Ω | 标准值<br>< 1Ω | 判断<br>□ 正常<br>□ 异常 |

检测分析：

## 7. 检查左前车窗防夹模块线束插接器（端子电压）

| 作业图例 | 作业内容 | 完成情况 |
|---|---|---|
|  | 操作启动开关，置于 OFF 档 | □ 是　□ 否 |

（续）

| 作业图例 | 作业内容 | 完成情况 | | |
|---|---|---|---|---|
| | 断开左前车窗防夹模块线束插接器 DR05a | □是　□否 | | |
| | 操作启动开关，置于 ON 状态 | □是　□否 | | |
| | 测量左前车窗防夹模块 DR05a 端子 2 对车身搭铁的电压 | 测量值<br>____V | 标准值<br>11~14V | 判断<br>□正常<br>□异常 |

检测分析：

## 8. 检查左前车窗防夹模块线束插接器（搭铁导通性）

| 作业图例 | 作业内容 | 完成情况 |
|---|---|---|
|  | 将启动开关置于 OFF 档 | □是　□否 |

（续）

| 作业图例 | 作业内容 | 完成情况 | | |
|---|---|---|---|---|
| | 断开左前车窗防夹模块线束插接器 DR05a | □是　□否 | | |
| | 测量左前车窗防夹模块 DR05a 端子 1 与车身搭铁之间的电阻 | 测量值<br>＿＿Ω | 标准值<br>＜1Ω | 判断<br>□正常<br>□异常 |

检测分析：

## 9. 检查 BCM 与左前车窗防夹模块之间线束插接器的 LIN 数据通信线

| 作业图例 | 作业内容 | 完成情况 |
|---|---|---|
|  | 将启动开关置于 OFF 档 | □是　□否 |
|  | 将蓄电池负极电缆从蓄电池上断开 | □是　□否 |

（续）

| 作业图例 | 作业内容 | 完成情况 | | |
|---|---|---|---|---|
| | 从左前车窗防夹模块上断开线束插接器 DR05a | □是 □否 | | |
| | | 测量值 | 标准值 | 判断 |
| | 测量 BCM 线束插接器 IP21a 端子 34 与左前车窗防夹模块线束插接器 DR05a 端子 4 之间的电阻值 | ____Ω | < 1Ω | □正常 □异常 |

检测分析：

## 10. 恢复场地

| 作业图例 | 作业内容 | 完成情况 |
|---|---|---|
|  | 关闭车辆启动开关 | □是 □否 |
| | 收起并整理防护四件套 | □是 □否 |
| | 关闭测量平台一体机 | □是 □否 |
| | 关闭测量平台电源开关 | □是 □否 |
| | 清洁并整理测量平台 | □是 □否 |
| | 清洁防护用具并归位 | □是 □否 |
| | 清洁整理仪器设备与工具 | □是 □否 |
| | 清洁实训场地 | □是 □否 |
| | 收起安全警示牌 | □是 □否 |
| | 收起安全围挡 | □是 □否 |

## 五、过程检查

1）自我评价或小组评价。

| 序号 | 检查项目 | 权重 | 自我评价 |
|---|---|---|---|
| 1 | 信息收集完成情况 | 20 | |
| 2 | 制订计划合理性 | 10 | |
| 3 | 实施过程完成的正确性 | 45 | |
| 4 | 学生在实施过程的参与程度 | 15 | |
| 5 | 安全防护与 6S 操作 | 10 | |
| 总成绩 | | | |

2）自我反思或小组反思：根据自己在课堂上的实际表现进行自我反思。

## 六、反馈总结

### 1. 实训过程评分

实训指导教师按下述评分标准检查本组作业结果：

| 项目 | 内容 | 评分标准 | 得分 |
|---|---|---|---|
| 知识点（30分） | 能说出 CAN 系统的结构与工作原理（10分） | 视熟悉程度扣分 | |
| | 能画图说明 BCM 与其他执行电路（LIN）电路的控制原理（10分） | 正确说明控制过程 | |
| | 能通过故障现象判断故障可能的原因（10分） | 视原因分析的准确性扣分 | |
| 技能点（45分） | 能正确检查 BCM 与熔丝之间的线束（10分） | 视完成情况扣分 | |
| | 能正确检查BCM线束插接器端子电压、搭铁导通性（15分） | 端子错误每项扣 3 分 | |
| | 能正确检查 BCM 线束插接器与其他执行系统的 LIN 数据通信故障（20分） | 视操作情况扣分 | |
| 素质点（25分） | 严格执行操作规范（10分） | 视不规范情况扣分 | |
| | 任务完成的熟练程度（10分） | 视完成情况扣分 | |
| | 6S 管理（5分） | 视完成情况扣分 | |
| 总分 | | | |

## 2. 改进与提升

实训指导教师检查本组作业结果,针对实训过程出现的问题提出改进措施与提升训练计划。

(1)改进措施:

(2)提升训练计划:

# 实训工单五　车辆灯光系统故障检修

## 一、接受任务

一辆行驶里程约 4 万 km 的吉利帝豪 EV450，客户李先生反映该车后雾灯不亮，需要对后雾灯控制电路进行检修。

## 二、收集信息

1）填写完成下表。

| 种类 | 外信号灯 | | | | | 内信号灯 | |
|---|---|---|---|---|---|---|---|
| | | 示宽灯 | 驻车灯 | 制动灯 | 倒车灯 | | 其他指示灯 |
| 工作时的特点 | 琥珀色交替闪亮 | 白色或黄色常亮 | 白色或红色常亮 | | | 白色闪亮 | 白色或黄色常亮 |
| 用途 | 告知行人或其他车辆将转弯 | | | 表示已减速或将停车 | 告知行人或其他车辆将倒车 | 提示驾驶员车辆的行驶方向 | |

2）雾灯安装在汽车头部和＿＿＿＿＿＿，在雾天、下雪、暴雨或尘埃弥漫等情况下，用来改善车前道路的照明情况。前雾灯功率为 45~55W，光色为＿＿＿＿＿＿色；后雾灯功率为 21W 或 6W，光色为＿＿＿＿＿＿色，以警示尾随车辆保持安全间距。纯电动汽车的雾灯光源一般采用＿＿＿＿＿。

3）分析吉利 EV450 后雾灯控制电路。

_____
_____
_____
_____
_____
_____
_____
_____
_____
_____

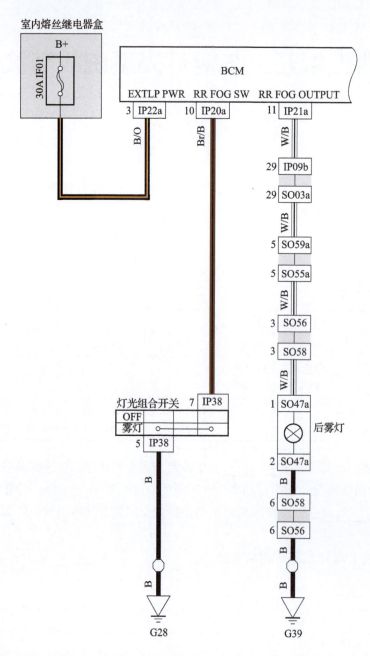

## 三、制订计划

1）根据任务要求制订实训计划。

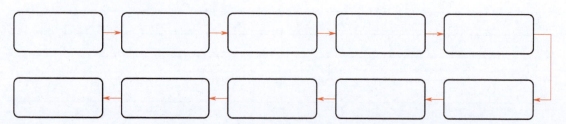

2）请根据操作计划，完成小组成员任务分工。

| 主操作人 | | 记录员 | |
|---|---|---|---|
| 监护人 | | 展示员 | |

## 四、任务实施

后雾灯故障检修

### 1. 作业前准备

| 作业图例 | 作业内容 | 完成情况 |
|---|---|---|
| | 作业前现场环境检查 | □ 规范着装<br>□ 拉设安全围挡<br>□ 放置安全警示牌<br>□ 检查灭火器<br>□ 检查测量终端状态<br>□ 铺设防护四件套 |
| 安全帽　护目镜<br>绝缘鞋　绝缘手套 | 防护用具检查 | □ 检查绝缘手套<br>□ 检查护目镜<br>□ 检查安全帽<br>□ 检查绝缘鞋 |
| 诊断仪　放电工装<br>万用表　绝缘测试仪 | 仪表工具检查 | □ 检查万用表、绝缘检测仪是否正常<br>□ 检查故障诊断仪是否正常<br>□ 检查绝缘工具是否齐全、正常<br>□ 检查放电工装是否正常<br>□ 检查维修手册、电路图是否完备 |

（续）

| 作业图例 | 作业内容 | 完成情况 | | |
|---|---|---|---|---|
| | | 测量值 | 标准值 | 判别 |
| | 测量绝缘地垫绝缘电阻 | ____Ω | ____Ω | □ 正常<br>□ 异常 |

## 2. 登记车辆基本信息

| 项目 | 内容 | 完成情况 |
|---|---|---|
| 品牌 | | □ 是　□ 否 |
| VIN | | □ 是　□ 否 |
| 生产日期 | | □ 是　□ 否 |
| 动力电池 | 型号：　　　　额定容量： | □ 是　□ 否 |
| 驱动电机 | 型号：　　　　额定功率： | □ 是　□ 否 |
| 行驶里程 | km | □ 是　□ 否 |

## 3. 用诊断仪读取故障码

| 作业图例 | 作业内容 | 完成情况 |
|---|---|---|
| | 关闭启动开关 | □ 是　□ 否 |
| | 将 OBD Ⅱ 测量线连接至 VCI 设备 | □ 是　□ 否 |
| | 连接车辆 OBD 诊断座，VCI 设备电源指示灯亮起 | □ 是　□ 否 |
| | 打开启动开关 | □ 是　□ 否 |

（续）

| 作业图例 | 作业内容 | 完成情况 | |
|---|---|---|---|
| | 选择吉利 EV450 并读取整车故障码 | 故障码 | 含义 |
| 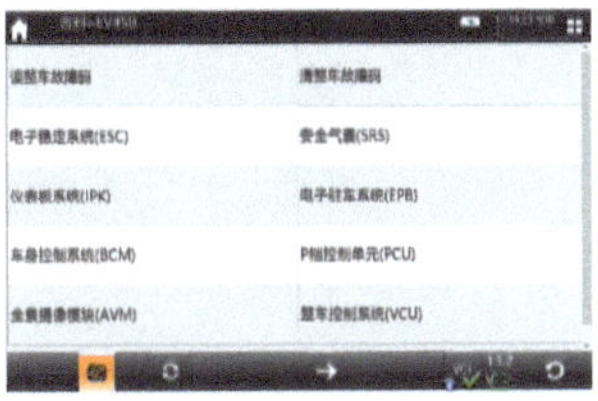 | | | |
| | | | |
| | | | |
| | | | |
| | | | |
| | 读取 BCM 相关数据流 | 数据流名称 | 数据值 |
|  | | | |
| | | | |
| | | | |
| | | | |
| | | | |

## 4. 检查后雾灯

| 作业图例 | 作业内容 | 完成情况 |
|---|---|---|
| 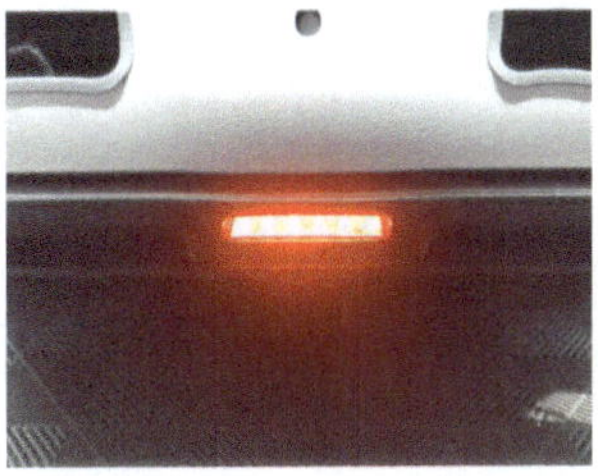 | 拆卸后雾灯 | □是 □否 |
| | 确认后雾灯是否正常 | □是 □否 |
| | 更换有故障的后雾灯 | □是 □否 |
| | 确认更换后是否工作正常 | □是 □否 |

检测分析：

## 5. 检查熔丝 IF01 及其线路

| 作业图例 | 作业内容 | 完成情况 |
|---|---|---|
| 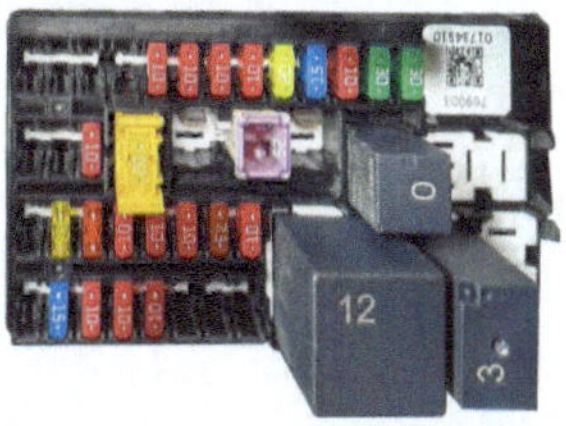 | 检查熔丝 IF01 是否熔断 | □是 □否 |
| | 检查熔丝 IF01 线路是否有短路故障 | □是 □否 |

（续）

| 作业图例 | 作业内容 | 完成情况 | | |
|---|---|---|---|---|
|  | 检查熔丝的电流额定值是否为 30A | □是　□否 | | |
| 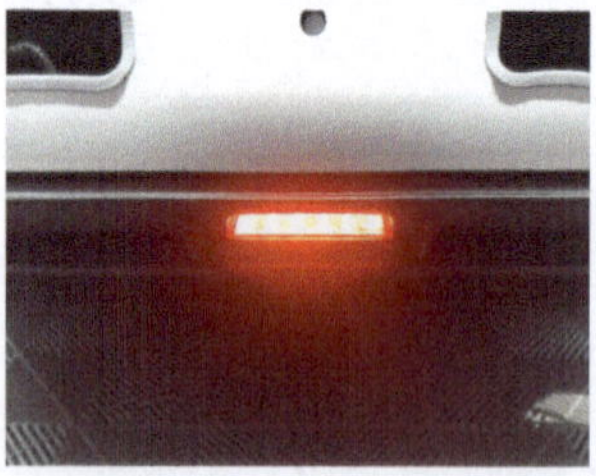 | 确认检修后的后雾灯是否工作正常 | □是　□否 | | |

检测分析：

## 6. 检修后雾灯 SO47a 端子 1 与车身控制模块（BCM）线束插接器 IP21a 端子 11 之间的线路

| 作业图例 | 作业内容 | 完成情况 | | |
|---|---|---|---|---|
| | 操作启动开关使电源模式至 OFF 状态 | □是　□否 | | |
| 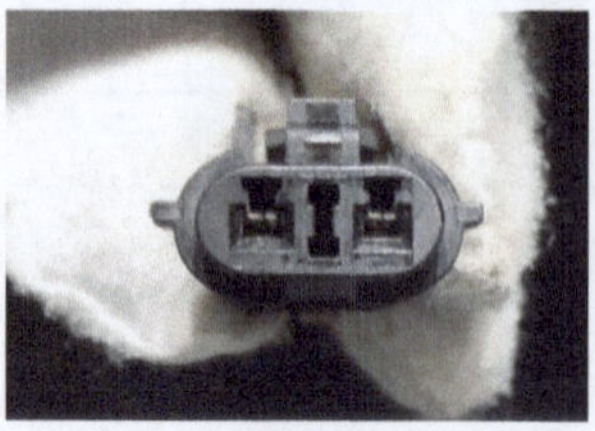 SO47a | 测量后雾灯 SO47a 端子 1 与车身控制模块（BCM）线束插接器 IP21a 端子 11 之间的电阻 | 测量值<br>\_\_\_Ω | 标准值<br><1Ω | 判断<br>□正常<br>□异常 |

（续）

| 作业图例 | 作业内容 | 完成情况 |
|---|---|---|
| 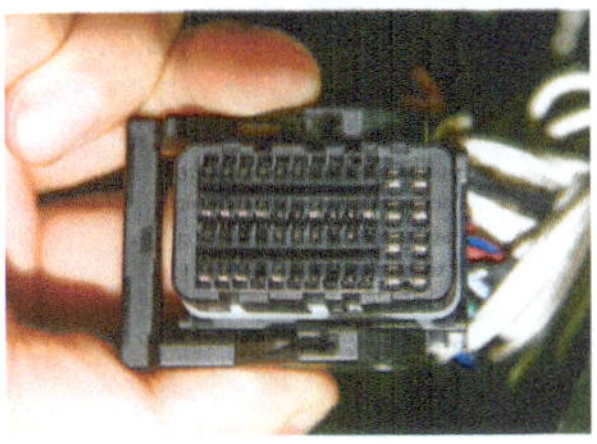 IP21a | 确认后雾灯 SO47a 端子 1 与车身控制模块（BCM）线束插接器 IP21a 端子 11 之间的线路短路故障修复完成 | □是　□否 |

检测分析：

## 7. 检查后雾灯 SO47a 端子 2 与车身搭铁之间的线路

| 作业图例 | 作业内容 | 完成情况 ||| 
|---|---|---|---|---|
| | | 测量值 | 标准值 | 判断 |
| 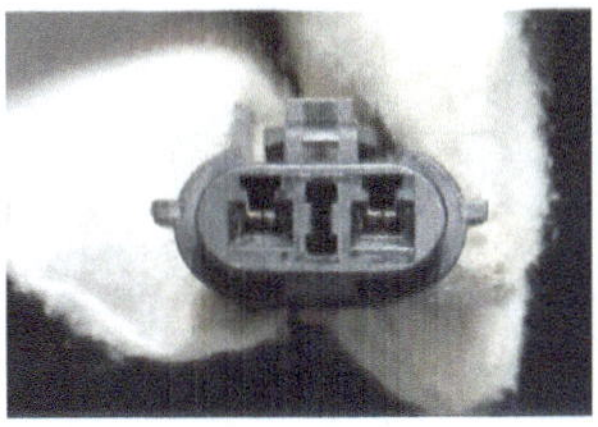 | 测量后雾灯 SO47a 端子 2 与车身搭铁之间的电阻 | ＿＿Ω | < 1Ω | □正常<br>□异常 |

检测分析：

## 8. 检查后雾灯 SO47a 端子 2 与车身搭铁之间的断路故障

| 作业图例 | 作业内容 | 完成情况 |
|---|---|---|
| 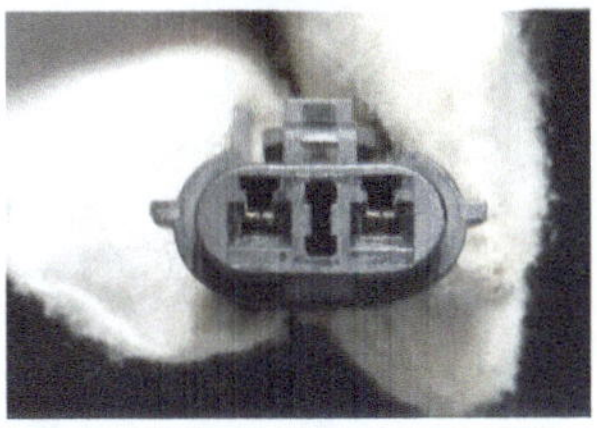 | 确认后雾灯 SO47a 端子 2 与车身搭铁之间的线路故障修复完成，雾灯工作是否正常 | □是　□否 |

检测分析：

9. 测量灯光组合开关线束插接器 IP38 端子 7 与 BCM 线束插接器 IP20a 端子 10 之间是否导通

| 作业图例 | 作业内容 | 完成情况 | | |
|---|---|---|---|---|
| | | 测量值 | 标准值 | 判断 |
| IP38<br>IP20a | 测量灯光组合开关线束插接器 IP38 端子 7 与 BCM 线束插接器 IP20a 端子 10 之间的电阻 | ___Ω | < 1 Ω | □ 正常<br>□ 异常 |

检测分析：

10. 检修组合开关 IP38 端子 7 与车身控制模块（BCM）线束插接器 IP20a 端子 10 之间线路断路或短路故障

| 作业图例 | 作业内容 | 完成情况 |
|---|---|---|
| IP38<br>IP20a | 确认灯光组合开关线束插接器 IP38 端子 7 与 BCM 线束插接器 IP20a 端子 10 之间的线路故障完成修复 | □ 是　□ 否 |

检测分析：

## 11. 检修组合开关 IP38 端子 5 与车身搭铁之间的线路

| 作业图例 | 作业内容 | 完成情况 | | |
|---|---|---|---|---|
| | | 测量值 | 标准值 | 判断 |
| IP38 | 检修组合开关 IP38 端子 5 与车身搭铁之间的电阻 | ____Ω | < 1Ω | □ 正常<br>□ 异常 |

检测分析：

## 12. 检修灯光组合开关 IP38 端子 5 和车身搭铁之间的断路故障

| 作业图例 | 作业内容 | 完成情况 |
|---|---|---|
| IP38 | 确认灯光组合开关 IP38 端子 5 和车身搭铁之间的断路故障修复完成，确认近光灯是否正常工作 | □ 是　□ 否 |

检测分析：

## 13. 恢复场地

| 作业图例 | 作业内容 | 完成情况 |
|---|---|---|
| | 关闭车辆启动开关 | □ 是　□ 否 |
| | 收起并整理防护四件套 | □ 是　□ 否 |
| | 关闭测量平台一体机 | □ 是　□ 否 |
| | 关闭测量平台电源开关 | □ 是　□ 否 |
| | 清洁并整理测量平台 | □ 是　□ 否 |
| | 清洁防护用具并归位 | □ 是　□ 否 |
| | 清洁整理仪器设备与工具 | □ 是　□ 否 |
| | 清洁实训场地 | □ 是　□ 否 |
| | 收起安全警示牌 | □ 是　□ 否 |
| | 收起安全围挡 | □ 是　□ 否 |

## 五、过程检查

1)自我评价或小组评价。

| 序号 | 检查项目 | 权重 | 自我评价 |
| --- | --- | --- | --- |
| 1 | 信息收集完成情况 | 20 | |
| 2 | 制订计划合理性 | 10 | |
| 3 | 实施过程完成的正确性 | 45 | |
| 4 | 学生在实施过程的参与程度 | 15 | |
| 5 | 安全防护与 6S 操作 | 10 | |
| | 总成绩 | | |

2)自我反思或小组反思:根据自己在课堂上的实际表现进行自我反思。

## 六、反馈总结

### 1. 实训过程评分

实训指导教师按下述评分标准检查本组作业结果:

| 项目 | 内容 | 评分标准 | 得分 |
| --- | --- | --- | --- |
| 知识点<br>(30分) | 能说出后雾灯电路的工作原理(10分) | 视熟悉程度扣分 | |
| | 能画图说明 BCM 与后雾灯、BCM 的控制过程(10分) | 正确说明控制过程 | |
| | 能通过故障现象判断故障可能的原因(10分) | 视原因分析的准确性扣分 | |
| 技能点<br>(45分) | 能正确排查后雾灯的故障(10分) | 视完成情况扣分 | |
| | 能正确检查 BCM 线束插接器端子与后雾灯之间的电路(15分) | 端子错误每项扣 3 分 | |
| | 能正确排查 BCM 的故障(20分) | 视操作情况扣分 | |
| 素质点<br>(25分) | 严格执行操作规范(10分) | 视不规范情况扣分 | |
| | 任务完成的熟练程度(10分) | 视完成情况扣分 | |
| | 6S 管理(5分) | 视完成情况扣分 | |
| | 总分 | | |

## 2. 改进与提升

实训指导教师检查本组作业结果,针对实训过程出现的问题提出改进措施与提升训练计划。

(1)改进措施:

(2)提升训练计划:

# 实训工单六　车辆舒适系统故障检修

## 一、接受任务

一辆行驶里程约 6 万 km 的吉利帝豪 EV450，客户王先生反映该车所有中控锁不能锁 / 开车门，要求检修。

## 二、收集信息

1）一般汽车电动车窗系统的组成部件有_____、_____、电动车窗开关、启动开关、门控开关等组成。

2）电动车窗的组成包括_____。

3）车窗升降器按传动机构的结构不同可分_____、_____、绳轮式升降器等。

4）电动机是用于为_____的装置，它采用双向转动的电动机，它有_____和_____两种。

5）电动车窗的控制开关一般有两套：一套为_____，另一套为_____。

6）电动车窗具有_____、_____及熄火自动关闭等功能。

7）电动车窗的主控开关（总开关）装在_____，以方便驾驶员操作。

8）为避免车窗玻璃升降电动机过热，每个电动机都有自己的_____装置，电动机运行时间在一个计数器内累加，计数器的初始值由环境温度确定。

9）电动车窗不升降时，主要的故障原因有哪些？
_____
_____

10）请在车上找出以下元件并标出实物名称。

1. _____； 2. _____；
3. _____； 4. _____；
5. _____； 6. _____；
7. _____； 8. _____。

11）分析吉利帝豪电动车窗控制电路。

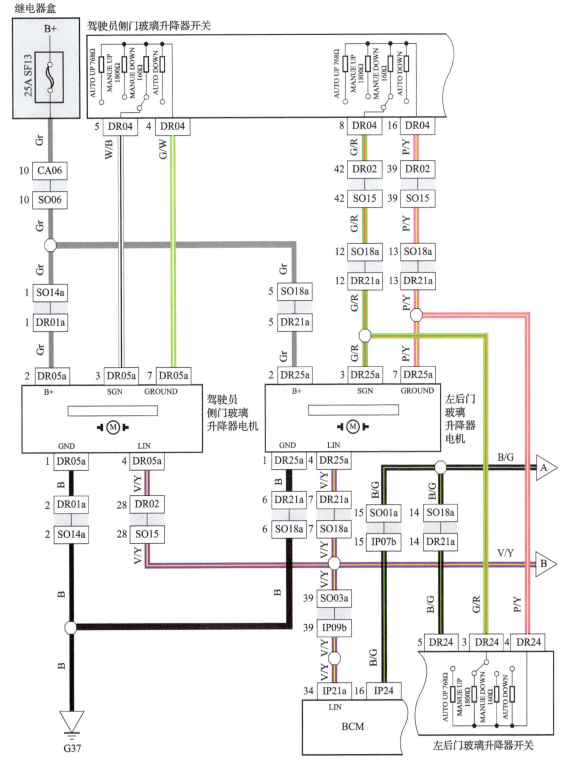

## 三、制订计划

1）根据任务要求制订实训计划。

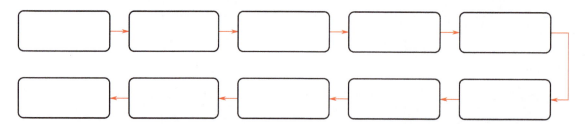

2）请根据操作计划，完成小组成员任务分工。

| 主操作人 |  | 记录员 |  |
|---|---|---|---|
| 监护人 |  | 展示员 |  |

## 四、任务实施

### 1. 作业前准备

门锁电机故障检修

| 作业图例 | 作业内容 | 完成情况 |
|---|---|---|
|  | 作业前现场环境检查 | □ 规范着装<br>□ 拉设安全围挡<br>□ 放置安全警示牌<br>□ 检查灭火器<br>□ 检查测量终端状态<br>□ 铺设防护四件套 |
| 安全帽　护目镜<br>绝缘鞋　绝缘手套 | 防护用具检查 | □ 检查绝缘手套<br>□ 检查护目镜<br>□ 检查安全帽<br>□ 检查绝缘鞋 |

（续）

| 作业图例 | 作业内容 | 完成情况 | | |
|---|---|---|---|---|
| 诊断仪　放电工装<br>万用表　绝缘测试仪 | 仪表工具检查 | □ 检查万用表、绝缘检测仪是否正常<br>□ 检查故障诊断仪是否正常<br>□ 检查绝缘工具是否齐全、正常<br>□ 检查放电工装是否正常<br>□ 检查维修手册、电路图是否完备 | | |
| | | 测量值 | 标准值 | 判别 |
| | 测量绝缘地垫绝缘电阻 | ___Ω | ___Ω | □ 正常<br>□ 异常 |

## 2. 登记车辆基本信息

| 项目 | 内容 | 完成情况 |
|---|---|---|
| 品牌 | | □ 是　□ 否 |
| VIN | | □ 是　□ 否 |
| 生产日期 | | □ 是　□ 否 |
| 动力电池 | 型号：　　　　额定容量： | □ 是　□ 否 |
| 驱动电机 | 型号：　　　　额定功率： | □ 是　□ 否 |
| 行驶里程 | km | □ 是　□ 否 |

## 3. 用诊断仪读取故障码

| 作业图例 | 作业内容 | 完成情况 |
|---|---|---|
| 将OBD—Ⅱ测量线 连接至VCI设备 | 关闭启动开关 | □ 是　□ 否 |
| | 将 OBD Ⅱ 测量线连接至 VCI 设备 | □ 是　□ 否 |
| | 连接车辆 OBD 诊断座，VCI 设备电源指示灯亮起 | □ 是　□ 否 |

（续）

| 作业图例 | 作业内容 | 完成情况 | |
|---|---|---|---|
|  | 打开启动开关 | □是 □否 | |
|  | 选择吉利 EV450 并读取整车故障码 | 故障码 | 含义 |
|  |  |  |  |
|  |  |  |  |
|  |  |  |  |
|  |  |  |  |
|  |  |  |  |
|  | 读取 BCM 相关数据流 | 数据流名称 | 数据值 |
|  |  |  |  |
|  |  |  |  |
|  |  |  |  |
|  |  |  |  |
|  |  |  |  |
|  |  |  |  |

### 4. 检查熔丝 SF13 及其电路

| 作业图例 | 作业内容 | 完成情况 |
|---|---|---|
|  | 检查熔丝 SF13 是否熔断 | □是 □否 |
|  | 检查熔丝 SF13 的额定电流值是否为 25A | □是 □否 |

（续）

| 作业图例 | 作业内容 | 完成情况 |
|---|---|---|
|   | 检查熔丝电路是否有短路 | □是 □否 |
|  | 确认熔丝线路是否已经修复 | □是 □否 |

检测分析：

## 5. 检查驾驶员侧门玻璃升降器开关线路

| 作业图例 | 作业内容 | 完成情况 | | |
|---|---|---|---|---|
|   | 检测驾驶员侧门玻璃升降器开关 DR04 端子 10 与车身搭铁之间的电阻 | 测量值<br>＿＿Ω | 标准值<br>＜1Ω | 判断<br>□正常<br>□异常 |
| 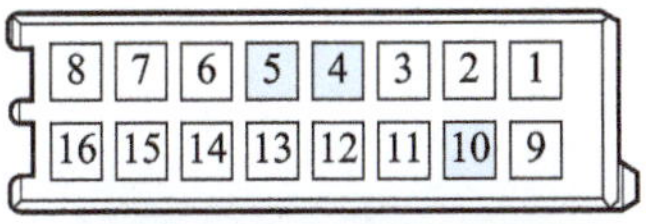   | 检测驾驶员侧门玻璃升降器开关 DR04 端子 04 与驾驶员侧门玻璃升降器电机 DR05a 端子 7 之间的电阻 | 测量值<br>＿＿Ω | 标准值<br>＜1Ω | 判断<br>□正常<br>□异常 |
|  | 检测驾驶员侧门玻璃升降器开关 DR04 端子 5 与驾驶员侧门玻璃升降器电机 DR05a 端子 3 之间的电阻 | 测量值<br>＿＿Ω | 标准值<br>＜1Ω | 判断<br>□正常<br>□异常 |

检测分析：

## 6. 检查驾驶员侧门玻璃升降器电机电源线路

| 作业图例 | 作业内容 | 完成情况 |
|---|---|---|
|   | 打开启动开关 | □是 □否 |

（续）

| 作业图例 | 作业内容 | 完成情况 | | |
|---|---|---|---|---|
| | | 测量值 | 标准值 | 判断 |
|  | 用万用表检查驾驶员侧门玻璃升降器电机线束插接器 DR05a 端子 2 上的电压 | ____V | 11~14V | □ 正常<br>□ 异常 |

检测分析：

## 7. 检查驾驶员侧门玻璃升降器电机搭铁电路

| 作业图例 | 作业内容 | 完成情况 | | |
|---|---|---|---|---|
|  | 断开驾驶员侧门玻璃升降器电机线束插接器 | □ 是　□ 否 | | |
| | | 测量值 | 标准值 | 判断 |
|  | 用万用表测量驾驶员侧门玻璃升降器电机线束插接器 DR05a 端子 1 与车身搭铁之间的电阻 | ____Ω | < 1Ω | □ 正常<br>□ 异常 |

检测分析：

## 8. 检查驾驶员侧门玻璃升降器电机 DR05a 端子 4 与车身控制模块（BCM）IP21a 端子 34 之间的线路

| 作业图例 | 作业内容 | 完成情况 | | |
|---|---|---|---|---|
| | | 测量值 | 标准值 | 判断 |
|   | 用万用表测量驾驶员侧门玻璃升降器电机 DR05a 端子 4 与车身控制模块（BCM）IP21a 端子 34 之间的电阻 | ____Ω | < 1Ω | □ 正常<br>□ 异常 |

检测分析：

## 9. 恢复场地

| 作业图例 | 作业内容 | 完成情况 | |
|---|---|---|---|
|  | 关闭车辆启动开关 | □ 是 | □ 否 |
| | 收起并整理防护四件套 | □ 是 | □ 否 |
| | 关闭测量平台一体机 | □ 是 | □ 否 |
| | 关闭测量平台电源开关 | □ 是 | □ 否 |
| | 清洁并整理测量平台 | □ 是 | □ 否 |
| | 清洁防护用具并归位 | □ 是 | □ 否 |
| | 清洁整理仪器设备与工具 | □ 是 | □ 否 |
| | 清洁实训场地 | □ 是 | □ 否 |
| | 收起安全警示牌 | □ 是 | □ 否 |
| | 收起安全围挡 | □ 是 | □ 否 |

## 五、过程检查

1)自我评价或小组评价。

| 序号 | 检查项目 | 权重 | 自我评价 |
|---|---|---|---|
| 1 | 信息收集完成情况 | 20 | |
| 2 | 制订计划合理性 | 10 | |
| 3 | 实施过程完成的正确性 | 45 | |
| 4 | 学生在实施过程的参与程度 | 15 | |
| 5 | 安全防护与 6S 操作 | 10 | |
| | 总成绩 | | |

2)自我反思或小组反思:根据自己在课堂上的实际表现进行自我反思。

## 六、反馈总结

1. 实训过程评分

实训指导教师按下述评分标准检查本组作业结果:

| 项目 | 内容 | 评分标准 | 得分 |
|---|---|---|---|
| 知识点（30分） | 能说出电动车窗的工作原理（10分） | 视熟悉程度扣分 | |
| | 能画图说明 BCM 与电动车窗控制电路的控制原理（10分） | 正确说明控制过程 | |
| | 能通过故障现象判断故障可能的原因（10分） | 视原因分析的准确性扣分 | |
| 技能点（45分） | 能正确排查熔丝的故障（10分） | 视完成情况扣分 | |
| | 能正确检查玻璃升降器开关电路（15分） | 端子错误每项扣 3 分 | |
| | 能正确排查 BCM 的故障（20分） | 视操作情况扣分 | |
| 素质点（25分） | 严格执行操作规范（10分） | 视不规范情况扣分 | |
| | 任务完成的熟练程度（10分） | 视完成情况扣分 | |
| | 6S 管理（5分） | 视完成情况扣分 | |
| | 总分 | | |

## 2. 改进与提升

实训指导教师检查本组作业结果,针对实训过程出现的问题提出改进措施与提升训练计划。

(1)改进措施:

(2)提升训练计划: